José Miguel Pero-Sanz

Os coadjuvantes do Evangelho

Um olhar sobre os personagens despercebidos

2ª edição

Tradução e adaptação
Emérico da Gama

São Paulo
2025

Título original
La hora sexta

Capa
Karine Santos

Dados Internacionais de Catalogação na Publicação (CIP)

Pero-Sanz, José Miguel
Os coadjuvantes do Evangelho / José Miguel Pero-Sanz — 2ª ed. — São Paulo: Quadrante, 2025.

ISBN: 978-85-7465-804-9

1. Vida cristã 2. Espiritualidade 3. Evangelhos 4. Personagens da Bíblia I. Título

CDD-242.48

Índice para catálogo sistemático:
1. Vida cristã : Evangelhos : Personagens da Bíblia 242.48

QUADRANTE EDITORA
Rua Bernardo da Veiga, 47 - Tel.: 3873-2270
CEP 01252-020 - São Paulo - SP
www.quadrante.com.br / atendimento@quadrante.com.br

Sumário

INTRODUÇÃO

Estive a ponto de afirmar categoricamente que este livro devia ser escrito por um *"segundo"*, isto é, por alguém de segunda fila. Corrigi-me a tempo, porque não estou muito seguro de que houvesse alguém que se reconhecesse em condições de escrevê-lo. Pode até ser que já exista e eu não o saiba.

Mas, apesar da minha nesciência, tenho a fundada suspeita de que existe uma mentalidade própria do "segundo", bem característica. Posso testemunhá-lo pessoalmente.

Sou o segundo de três irmãos e, além disso, o clérigo da família, como nos tempos antigos. Não sou o irmão mais velho a quem, com a morte do pai, cabe velar pelos outros; nem o último, a quem todos tratam como o "caçulinha", por mais que tenha ultrapassado a infância. Por isso, quando falo de "segundos"[1], *quero referir-me a outra categoria mais ampla, na qual me incluo: não se trata de ser o segundo de vários irmãos, mas de um tipo de pessoas.*

Este "segundo" começa por não pertencer a uma família digamos proletária, a braços com uma atroz penúria econômica, cultural, social... Também não faz parte da aristocracia, cheia de títulos nobiliárquicos ou de uma posição de liderança na sociedade. Nasce simplesmente como membro de uma classe média, remediada, se se quer, mas média.

Não foi um mau estudante; foi até um aluno que tirava boas notas. Mas sempre

---

1 No original, "segundón", "segundones", termo expressivo para indicar as figuras secundárias, mas que não consta no Dicionário da Real Academia Espanhola, nem nos dicionários em língua portuguesa. Foi traduzido por "segundo", "segundos" (N. do E.).

havia entre os seus condiscípulos um outro mais brilhante que ocupava indiscutivelmente o primeiro lugar.

Não é, evidentemente, um analfabeto; leu bastante. Mas também não sabe o suficiente para dizer com autoridade, numa roda de amigos, a última palavra em quase nada.

Também não é uma negação para a música e talvez possua uma certa sensibilidade artística. Mas não é capaz de cantarolar com exatidão a melodia de uma ária nem de improvisar um dueto. Quando muito, pode cantar num coro, mas nunca como solista.

Não é alérgico ao esporte: pratica vários, mas falta-lhe resistência para nadar várias piscinas e habilidade para colocar uma bola de tênis no lugar certo e no instante preciso.

É dessas pessoas a quem ocorrem respostas engenhosas, brilhantes, mas quinze minutos depois do momento oportuno.

Não pertence à espécie dos pioneiros, que abrem caminhos novos, nem é como esses senhores estranhos, vivos e brilhantes, que, recém-chegados, dominam um ambiente. O que faz melhor é percorrer dignamente — isso com certeza — trilhas desbravadas pelos que passaram antes.

Como quase ninguém repara nele nem fala dele, gosta muito de falar de si mesmo, ainda que inicialmente tivesse o propósito de falar de outros.

O que acabo de escrever facilita muito a apresentação deste livro, pois ajuda a compreender as coordenadas do seu conteúdo. E permite compreender também que eu experimente uma particular simpatia pelos operários evangélicos que foram trabalhar na vinha *à hora sexta*: nem com as primeiras luzes da aurora, nem quando já se insinuava o crepúsculo. A eles dedico estas páginas e especialmente um dos seus capítulos, destinado a reivindicar a importância do seu papel, situado entre o protagonismo dos madrugadores da parábola e o dos que estiveram a ponto de perder o trem.

Como pano de fundo dessa simpatia, nada imparcial, é razoável que ressoe aos meus ouvidos como bálsamo consolador a pregação de São Josemaria Escrivá:

"É necessário repetir uma vez e outra que Jesus não se dirigiu a um grupo de privilegiados, mas veio revelar-nos o amor universal de Deus. Todos os homens são amados por Ele, de todos espera amor. De todos, sejam quais forem as suas condições pessoais, a sua posição social, a sua profissão ou ofício. A vida corrente e ordinária não é coisa de pouco valor: todos os caminhos da terra podem ser ocasião de um encontro com Cristo"[2].

Aprendi dele que, aos olhos de Deus, não existem ocupações de segunda categoria, e que a todo o cristão se oferece a

---

2 Josemaria Escrivá, *É Cristo que passa*, 7ª. ed., Quadrante, São Paulo, 2024, n. 110.

possibilidade de converter em decassílabos de verso heroico a prosa ordinária da sua vida corrente.

A par dessa plenitude de vida cristã, a par dessa autêntica santidade que se abre também a um "segundo", os ensinamentos de São Josemaria Escrivá referem-se igualmente à eficácia, divina e humana, dos "talentos-planície": nem talentos-cume, nem talentos-abismo; não sábios, mas sim doutos nos seus afazeres habituais, que são os que, com a sua humilde perseverança, contribuem em altíssimo grau para o bem da Igreja e das almas: "Não queiras ser como aquele cata-vento dourado..."[3]

---

3 Josemaria Escrivá, *Caminho*, 13ª. ed., Quadrante, São Paulo, 2022, n. 590. O texto completo é: "Não queiras ser como aquele catavento dourado do grande edifício; por muito que brilhe e por mais alto que esteja, não conta para a solidez da obra.

"— Oxalá sejas como um velho silhar oculto nos alicerces, debaixo da terra, onde ninguém te veja; por ti não desabará a casa".

Nos Evangelhos, aparece uma galeria bastante nutrida de personagens assim: gente acerca da qual mal se sabe alguma coisa. Faltou muito pouco para que os Livros Sagrados nem sequer os mencionassem. Mas, na sua obscuridade, desempenham um papel eficaz. De maneira nenhuma são supérfluos: se fossem, não apareceriam, nem de passagem, no relato neotestamentário ou na pregação de Cristo. Mas aí estão eles: onde e quando deviam estar.

Precisamente a ideia de redigir estas considerações surgiu depois de ter sabido da estima de São Josemaria Escrivá por dois desses indivíduos dos quais só se sabe que *estavam* ali: nem sequer se registraram os seus nomes. São João refere-se a eles ao introduzir a cena da aparição de Jesus ressuscitado nas margens do lago de Tiberíades: *Estavam juntos Simão Pedro e Tomé, chamado Dídimo, Natanael (que era de Caná da Galileia), os filhos de Zebedeu e outros dois discípulos* (Jo 21, 2). Lembro-me de ter ouvido o Fundador do Opus Dei comentar a predileção que sentia por esses dois discípulos inominados. Não são misteriosos: se não se diz quem eram, é porque não era necessário. O que contava era a sua presença, a função que desempenhavam; porque não há dúvida de que desempenhavam uma função, e importante. É essa importância que pretendo ilustrar nas páginas que se seguem.

Começarei por falar precisamente desses dois, para referir-me depois a outros indivíduos de características parecidas que assomam fugazmente pelo Novo Testamento. Alguns são personagens reais, como José de Arimateia; outros pertencem ao contexto das parábolas evangélicas, mas não como protagonistas. Em todos esses casos, porém, as suas figuras transmitem-nos ensinamentos verdadeiramente instrutivos e atraentes, consoladores de modo especial para os "segundos" como eu.

Lembro-me de que, estando a ponto de receber as Sagradas Ordens, um amigo, com embaraçosa pedantice, me perguntou: "Que tipo de santo você vai ser? O São Paulo fogoso e avassalador, ou..." Limitei-me a dar-lhe uma afetuosa palmada nas costas, para que se calasse. À parte a vergonha que as suas palavras me causaram, eu ignorava que os santos fossem tipificáveis. Mas, refletindo depois sobre a pergunta impertinente, pensei que, a dar alguma resposta a esse meu amigo, teria de ser mais ou menos assim: "Acho que, quando muito, terei de parecer-me com o modesto São Filipe ou, melhor ainda, com o ignoto Urbano, de quem só se sabe que teve a honra de colaborar com o Apóstolo das Gentes" (Rom 16, 9).

Depois de tudo o que acabo de dizer, de toda a compreensão e afeto que manifestei pelos comparsas, não quereria que ninguém imaginasse os "segundos" como sujeitos inacessíveis ao atrativo dos autênticos protagonistas, das figuras de primeiro plano. Como toda a gente, sucumbimos com frequência à tentação de admirar sobretudo as personalidades brilhantes e, com muito mais frequência que a devida, impacientamo-nos com a mediocridade, se é que não nos exasperamos.

Ora, o que trato de dizer é que não seria justo confundir uma vida comum com uma vida medíocre. Consta-me que existem elogios à vulgaridade. Não pretendo tecer outro. Pelo contrário, gostaria de sublinhar que a ausência de brilho não equivale a vulgaridade.

O mais natural é que o nome de um "segundo" não apareça nas páginas dos jornais, ao menos aqui na terra. Alguma vez imaginei os bem-aventurados que já estão no céu — e não me parece ser demasiado irreverente — passarem os olhos pelo jornal enquanto tomam a refeição matutina. Do que não estou tão convencido é de que a primeira página desse jornal coincida forçosamente com a do diário que folheio cada manhã enquanto tomo o meu café com torradas: o político que conseguiu um êxito na Câmara dos Deputados, a atriz que triunfou ontem à noite na sua estreia teatral, o atleta que acaba de ganhar uma medalha de ouro... Todos eles também aparecerão como vencedores nas manchetes dos céus? Não é impossível, mas também não é seguro e menos ainda necessário. E se lá em cima também forem personagens famosos, não me parece que se deva ao triunfo que nós, os homens, aplaudimos, mas à santidade da sua vida.

Não é má coisa que o nosso nome apareça nas manchetes dos jornais. Mas o importante é que não deixe de aparecer no jornal acertado, que é cabalmente aquele que os bem-aventurados leem: "... os vossos nomes, escritos nos céus". Porque muitos dirão no final dos tempos: *Senhor, Senhor!, não profetizamos em teu nome, e em teu nome expulsamos os demônios, e em teu nome fizemos muitos milagres?*, e deverão ouvir a terrível resposta: *Nunca vos conheci, afastai-vos de mim...* (Mt 7, 23). Ao passo que, ao autêntico vencedor, ser-lhe-á dada *uma pedrinha branca, e nela escrito um nome novo, que ninguém conhece a não ser quem o recebe* (Ap 2, 17) e, é claro, o próprio Senhor. Aqui está a notoriedade que conta!

É por isso que escrevo sobre essas figuras secundárias: desejo recordar que a existência de um "segundo" não tem por que ser uma vida vulgar. Não é que nós, só por sermos "segundos", tenhamos garantidas a nossa fama e a nossa eficácia aos olhos de Deus. Acontece simplesmente que podemos, como toda a gente, ser também autenticamente famosos e fecundos, mesmo que ninguém aqui em baixo o perceba ou fale de nós.

É sumamente alentador pensar nas duas criaturas que mais perto estiveram de Jesus nesta terra e que mais próximas estão dEle na glória do céu. Essas duas criaturas proporcionaram as notícias mais espetaculares que já se leram no diário celestial, mas nunca teriam ocupado as manchetes de um jornal terreno. Mesmo no Evangelho aparecem apenas incidentalmente, quase de passagem. É claro que me refiro a Nossa Senhora e a São José. Que a sua poderosa intercessão assista sempre os leitores e o autor destas reflexões.

1. Os dois de Genesaré, ou A IMPORTÂNCIA DE "ESTAR"

Já anunciei que esta primeira epígrafe trataria daquele par de discípulos que São João menciona no capítulo 21 do seu Evangelho.

O Senhor ressuscitou. Ficaram para trás as sangrentas cenas da sua Paixão e Morte. Jesus mandou dizer aos Apóstolos que fossem à Galileia, e para lá foram: *Estavam juntos Simão Pedro e Tomé, chamado Dídimo, Natanael (que era de Caná da Galileia), e os filhos de Zebedeu, e outros dois discípulos* (Jo 21, 2).

Sabemos bem pouco destes dois últimos: apenas que estavam. Mas a sua presença vai ser premiada pela alegria de contemplarem mais uma vez Jesus. Com o principal mérito de "estarem".

E serão testemunhas de um grande milagre (a pesca milagrosa após uma faina inútil dos Apóstolos em toda a noite anterior), almoçarão com o Mestre e assistirão à solene confirmação de Pedro no seu primado apostólico.

Diverte-me pensar que, nessa altura, também São Tomé aprendeu uma lição. Era um homem valente, ao menos na intenção: prontificara-se a ir à Judeia com o Senhor para morrer com Ele (cf. Jo 11, 16). E não lhe faltavam condições para ser um rigoroso cientista experimental: *Se não vir nas suas mãos o sinal dos pregos e meter o meu dedo no lugar dos pregos e a minha mão no seu lado, não acreditarei* (Jo 20, 25). Mas, com todas essas qualidades, cometeu um grave erro: o de não estar. *Tomé, um dos doze, chamado Dídimo, não estava com eles quando veio Jesus* (v. 24). E esse homem, tão experimentado e ardoroso, veio a ser o último dos Doze a viver as alegrias da Páscoa. O seu tempo de Paixão durou uma semana mais..., porque *não estava* onde e quando deveria ter estado. Não é pequeno o mérito de estar, o único que o Evangelho menciona acerca daqueles "outros dois".

Com certa frequência, os jornais publicam alguma fotografia espetacular: o momento preciso em que uns delinquentes assaltaram um banco, ou em que um homem pulou do décimo andar de um prédio em chamas etc... Esses instantâneos costumam trazer esta legenda: "O fotógrafo estava ali". Estamos acostumados ao enxame de jornalistas que passam noite e dia diante de um hospital em que se internou um político de renome, à espera de que tenha alta e deixe o edifício. Ou que ficam horas no aeroporto à espera do desembarque de um Chefe de Estado que foi deposto e pediu asilo. Pode ser que em nenhum desses casos a expectativa se confirme, ou que a personagem não faça nenhuma declaração ao sair. São ossos do ofício. Mas seria imperdoável que surgisse a ocasião e o repórter não estivesse ali por ter ido jantar ou esticar as pernas.

Coisa parecida se passa com a vida cristã.

Os sacerdotes, na sua pregação, sempre insistiram em que *estar* não basta. "Não basta estar dentro da Igreja", diz-se aos fiéis leigos: é preciso, além disso, viver as virtudes cristãs. Pede-se às almas alguma coisa mais do que "estar de corpo presente". Longe de mim discutir a necessidade de que se reavive a tocha que está a ponto de apagar-se (cf. Mt 12, 20)[1], mas

---

1 Talvez os antigos pregadores atacassem a mera presença dos cristãos a fim de animá-los a fazer algo de positivo além de estar. Parece também o raciocínio implícito em algumas atitudes de ministros sagrados que se recusam a administrar o Batismo ou a Primeira Comunhão porque ninguém garante que mais tarde essas crianças venham a fazer alguma coisa mais do que estar dentro da Igreja. Idêntica mentalidade se nota em alguns conselhos, estranhos na boca de um sacerdote, para que certos casais não se casem pela Igreja, se é de

parece-me que vale a pena reivindicar um pouco o interesse que encerra esse simples *estar*.

Se São Pedro estava na praia do lago depois de ter negado o Senhor e de ter chorado amargamente a sua culpa, se ali estava São João, que nunca atraiçoara o Mestre, ou Tomé, com a sua altanaria rebaixada, também estavam esses outros dois cuja história desconhecemos. Talvez o seu papel se tivesse reduzido a colaborar em arrastar as redes até terra firme. O certo é que estavam ali. Como ajudantes, se quisermos. Mas estavam, e isso é o que contava naquela ocasião. Quantas coisas teriam podido relatar mais tarde aos demais discípulos!: como se dera a nova pesca milagrosa, como Jesus tomara a refeição matinal depois de ressuscitado,

---

temer que a união sacramental se traduza neles em simplesmente o seu casamento estar registrado nos livros paroquiais.

como reabilitara Pedro e lhe predissera o seu martírio! E os seus irmãos escutá-los-iam com santa inveja.

O próprio Jesus atribui valor à simples circunstância de as pessoas estarem com Ele. Basta que uma multidão persevere apenas três dias em segui-lo para que se comova e faça um dos grandes milagres da sua vida: a multiplicação dos pães e dos peixes.

É verdade que, além de estar com o Senhor, é preciso amá-lo. E é necessário que lho digamos muitas vezes: que o amamos. Mas vem-me à cabeça um antigo filme musical em que a esposa do protagonista pergunta a este se a ama. O marido responde com uma canção que se resume neste pensamento: "Há tantos anos que estamos juntos — anos de trabalhos, de alegrias e sofrimentos compartilhados —, e ainda me pergunta se a amo?" Também penso se não é de evocar aqui a cena da siro-fenícia: ela não tem quaisquer credenciais para pedir a Jesus a cura da sua filha — nem pertencia ao povo de Israel —, mas aí está e não há quem a afaste dali, nem mesmo as palavras duras com que o Senhor parece repeli-la. E esse perseverar em estar e suplicar fê-la receber a graça que pedia (cf. Mc 7, 24-30).

Talvez alguém pense que há um pequeno sofisma no que acabamos de ver. É muito fácil afirmar a importância do simples *estar*! Mas não é verdade que esse estar não é tão simples nem tão fácil? Realmente, se o cristão deixa de receber os sacramentos, de praticar uma série de virtudes e de aprofundar no conhecimento da sua fé, acabará por *não estar*. É verdade, sim; mas também é verdade que o assunto não tem absolutamente nenhum remédio quando *nem sequer se está*.

É à letra o que aconteceu com as dez virgens néscias da parábola evangélica (cf. Mt 25, 1-12). Ao contrário das virgens prudentes, não levaram de reserva vasilhas de azeite junto com as lâmpadas, para o caso de o noivo tardar em chegar à festa de bodas. Mas tenho para mim que o mais grave não foi não terem óleo suficiente para essa eventualidade, mas não *estarem* quando o noivo por fim chegou. É claro que a imprevidência e a ausência estavam interligadas, mas pensemos por hipótese que essas virgens só tivessem cometido o primeiro erro (esquecer-se de levar óleo de reserva), sem incorrerem no segundo (o de não estarem presentes quando chegou o cortejo nupcial). Se estivessem lá, ainda que com as lâmpadas apagadas, acaso teriam merecido as palavras duras que o recém-casado lhes dirigiu quando voltaram de reabastecer-se de azeite e encontraram a porta fechada? *Em verdade vos digo que não vos conheço*. Talvez o néscio seja eu, mas acho que, se fosse comigo, as palavras que diria poderiam ser estas: "Sois mais tolas do que se tivesse sido por encomenda. Ide, escondei-vos em qualquer lugar onde não vos veja". Que o Senhor me perdoe esta variante apócrifa da sua parábola, mas não é verdade que Ele é mais misericordioso do que eu?

Como é importante *estar*! Lembremo-nos da figueira estéril que o dono mandou cortar porque não dava figos havia três anos (Lc 13-8-9). Não tivesse o viticultor pedido uma prorrogação de mais um ano, em que cavaria à volta da árvore e a adubaria, talvez viesse a dar frutos, coisa impensável se fosse arrancada pela raiz. Esse estar permite que Deus conceda uma nova oportunidade. Nem que seja, às vezes, valendo-se da nossa fraqueza.

Tenho um velho amigo que contava em seu haver com muitos anos de serviço a Deus e à Igreja. Mas num dado momento — talvez por culpa própria, talvez por uma simples tentação não cortada a tempo — passou por uma profunda crise pessoal, a ponto de querer reequacionar o sentido da sua vida. No entanto, lembro-me de que me disse: "Outro, no meu caso, teria lançado tudo pela borda fora, mas a mim faltou-me peito para ir-me embora".

Não quis averiguar o que ele queria dizer com essa frase. Um lamento? É provável. De qualquer modo — pensei então e continuo a pensar agora —, bendita falta de peito! O resultado é que hoje, passado o tempo e a crise, continua gozosamente fiel à sua vocação.

Em tempos de infidelidade, quando a deslealdade aos compromissos adquiridos — batismais, matrimoniais, sacerdotais, claustrais etc. — costuma disfarçar-se com o belo nome de "autenticidade", experimenta-se uma dor peculiar cada vez que falece uma pessoa fiel à sua vocação. São tão poucos os amigos leais que o Senhor tem na terra, que é uma grande perda a morte de qualquer um deles. Mas essa dor é compatível com a alegria de pensar: Outro que morre "dentro"! Mais um que *estava* quando Deus veio buscá-lo!

Quando se *está*, sempre é possível melhorar a situação: recuperar e mesmo fortalecer a harmonia conjugal, o zelo sacerdotal, a entrega numa ordem religiosa..., a vida cristã, em resumo. Mas quando se deixa de *estar*, o retorno é mais difícil e doloroso. Se nos empenhamos em estar, custe o que custar, seja a que preço for, esse mesmo empenho levar-nos-á a socorrer-nos dos meios para assegurar que *estaremos*.

É muito instrutiva a figura que as Escrituras nos oferecem de Maria Santíssima. Pouco dizem dela. Mas, em qualquer caso, deixam bem claro que Nossa Senhora *estava*: estava quando o Arcanjo Gabriel apareceu com a sua mensagem portentosa; o enviado não teve que deixar-lhe uma nota escrita. Mais adiante, no começo da vida pública de Cristo, celebravam-se umas bodas em Caná da Galileia, e também então estava ali a Mãe de Jesus (Jo 2, 1), e obteve com a sua intercessão o primeiro dos milagres que Jesus fez. E no momento culminante da nossa redenção, no Calvário, depois de um longo parêntese de discreto silêncio, mais uma vez *stabant iuxta crucem Iesu*

Mater eius... (Jo 19, 25): junto da Cruz de Jesus, *estava* a sua Mãe.

O termo latino *stabat* implica um modo peculiar de estar: no Calvário, a Virgem Maria estava de pé, firme, corroborando com o sacrifício do seu Filho e fazendo-o seu. Ora bem, já disse que este livro é para os "segundos", para os de segunda fila: talvez alguns de nós não sejamos capazes de permanecer erguidos na primeira fila. Deus queira que, pelo menos, simplesmente estejamos, ainda que apoiando-nos num par de muletas.

2. Aquele que pediu tempo para enterrar o pai, ou VIVER O MOMENTO PRESENTE

Acabamos de sublinhar a importância de simplesmente *estar*. O mau é que, para um cristão, isso nem sempre é fácil. De qualquer modo, existe um processo infalível para consegui-lo.

Também aqui aprenderemos o ensinamento de uma figura secundária no Evangelho. Com a diferença de que, ao contrário dos dois discípulos no lago de Tiberíades, neste caso o protagonista não parece ter estado à altura das circunstâncias. O ensinamento será, pois, por contraste.

Trata-se de uma pessoa que passa fugazmente pelas páginas do Evangelho, embora sejam dois os evangelistas — Lucas e Mateus — que a mencionam.

Partindo da Galileia, Jesus iniciou a sua última viagem a Jerusalém, e foi precisamente então que viu um homem e disse-lhe: *Segue-me* (Lc 9, 59). Tudo parece indicar que esse homem estava nas melhores disposições, mas... pede um prazo: *Senhor, deixa-me que vá primeiro sepultar o meu pai* (ibid.). Jesus, porém, não lho concede: *Deixa que os mortos enterrem os seus mortos, e tu vem e anuncia o reino de Deus* (v. 60).

Que quis o Senhor dizer com essa resposta dura? Simplesmente que, quando se trata de pôr em prática algo de bom — neste caso, nada menos que caminhar em seguimento de Cristo "para onde quer que Ele vá", isto é, com total disponibilidade —, o momento oportuno é *hoje e agora,* como se reflete neste ponto do livro *Caminho* (n. 253): "Porta-te bem agora, sem te lembrares de "ontem", que já passou, e sem te preocupares com o "amanhã", que não sabes se chegará para ti".

Essa é a condição para *estarmos* quando o Senhor passa por nós e vemos que nos inspira a segui-lo. Há de ser agora, sem dilações, atentos unicamente ao momento presente, ao momento do chamado divino. Isso é o que se depreende, por exemplo, do episódio de Zaqueu, que *estava* no alto de um sicômoro para ver Jesus passar, pois era de baixa estatura. *Chegando Jesus àquele lugar e levantando os olhos, viu-o e disse-lhe: Zaqueu, desce logo porque é preciso que eu fique hoje em tua casa*. Ele desceu a toda a pressa, e recebeu alegremente o Mestre, e assim se converteu (cf. Lc 19, 1-10).

Por que perdemos a sensibilidade para essa correspondência generosa e instantânea? Não será porque temos a cabeça em dois ou mais lugares ao mesmo tempo? Não sabemos "viver ao dia", não sabemos que *a cada dia basta o seu cuidado* (Mt 6, 34). Certamente foi esse o caso do homem que queria seguir Cristo, mas ao mesmo tempo estava preocupado com o enterro do pai. A resposta do Senhor, por mais contundente que tenha sido, e o motivo invocado, mais que justo, revela uma atitude que, por maioria de razão, se pode aplicar a situações do dia a dia em que a disjuntiva não é tão radical.

Não é infundado pensar que os verdadeiros líderes se caracterizam pelo hábito de concentrar-se numa só coisa: a que interessa em cada instante, a que realmente reclama todo o empenho e atenção. Talvez esteja aqui um dos segredos da sua eficácia: em que não toleram uma hemorrágica dispersão das suas energias por objetivos não pertinentes ou ao menos irreais naquele preciso momento.

Santa Teresa de Jesus pertencia ao tipo dos chefes de fila, que abrem brecha e arrastam. Esse impulso devia-se sem dúvida à graça de Deus que operava nela, mas essa graça encontrava a correspondência de um bom instrumento humano. E uma das suas qualidades consistia precisamente em cuidar do momento presente. Ela mesma relata com graça um episódio que revela a índole dos protagonistas.

Passou-se em Salamanca, quando a Santa chegou à cidade, com uma acompanhante, para iniciar um dos conventos que Deus lhe sugerira. Era o dia dos finados e, com o cair da noite, o lúgubre tanger dos sinos amedrontava as duas monjas, que se encolheram num canto da casa, recém-desalojada de muito má vontade por uns estudantes. Teresa procurava disfarçar a sua apreensão para não agravar os temores da sua medrosa companheira, mas esta começou a extravasar as suas imaginações: "Madre, estou pensando que, se eu morresse aqui agora mesmo, que faríeis vós sozinha?" Após um primeiro momento de inquietação, a Madre percebeu que "bom princípio levava o demônio para nos fazer perder o pensamento em ninharias" e atalhou rapidamente aquelas elucubrações: "Irmã, se isso acontecer, pensarei no que fazer; agora deixe-me dormir"[1].

A isto me refiro quando digo que, para *estar*, o cristão tem de *viver ao dia*, dedicado aos assuntos que verdadeiramente requerem os seus cuidados; não aos pretéritos e menos ainda aos futuros, puramente imaginários, que quando muito terão de ser enfrentados quando chegarem, se é que chegam a apresentar-se.

É nesta direção que aponta o ensinamento do Eclesiastes quando diz: *Tudo tem o seu momento e tudo o que se faz debaixo do sol tem o seu tempo. Há um tempo para nascer e um tempo para morrer; um tempo para plantar e um tempo para arrancar o plantado* [...]; *um tempo para chorar e um tempo para rir; um tempo para lamentar-se e um tempo para dançar* [...] (Ecl 3, 1-8).

Não pensamos nisso, nós, os "segundos", que raramente temos a cabeça e as

---

1 Santa Teresa de Ávila, *Fundações*, 19, 5.

mãos concentradas no mesmo objetivo. E daí esses desajustes que nos fazem ter a mente em outra coisa antes de termos terminado a que fazemos, ou que nos levam a interromper o que fazemos para dar começo ao que virá depois, e assim sucessivamente: são interrupções de interrupções de interrupções, sem acabar absolutamente nada: é uma série de sinfonias incompletas.

Na vida sobrenatural passa-se outro tanto. E aqui o estrago é muito mais grave, porque corremos o risco de que, quando o Senhor vier, não nos encontre onde nos esperava. Talvez nesse momento nos apanhe entretidos em acertar os pormenores suntuosos do funeral ou em garantir os direitos da herança.

Até com os chefes de fila, não só com os "segundos", pode dar-se essa dispersão. Surpreende que Pedro, num momento tão sério e comovente como o da conversa que tem com Cristo ressuscitado — em que vê perdoada a sua traição e confiada a ele a responsabilidade de todo o rebanho do Senhor, em que lhe é anunciado o que o espera quando for velho —, se distraia e queira saber o que será de João. Jesus diz-lhe: *Se eu quiser que este permaneça até que eu venha, a ti que te importa? Tu segue-me* (Jo 21, 22), atende ao que te estou dizendo.

Segue-me! Agora! Assim acontecera anos antes com o próprio Pedro, a quem o Senhor vira e chamara — como chamara Tiago, e André, e Mateus... —, e todos o tinham seguido na hora, abandonando o que fosse: redes, barcas, banca de cobrança de impostos..., o pai. Mas não foi o que aconteceu com Jerusalém, sobre a qual Cristo chorou: *Se ao menos neste dia soubesses o que te traz a paz! Mas* [...] *não conheceste o tempo da tua visitação* (Lc 19, 42-43).

A Sagrada Escritura desenha-nos a vida do cristão, e talvez particularmente a sua morte, como um problema de oportunidade. Isto é, de vigilância para que a *visitação*, o trânsito do Senhor não nos apanhe desprevenidos. São conceitos de profundas raízes não só no Novo Testamento como no Antigo. Ao relatar a instituição da Páscoa, centro das misericórdias divinas sobre o seu povo, o Livro do Êxodo (12, 11) explica o sentido do termo "páscoa": é a Pessach (isto é, a Passagem) do Senhor. A "passagem" do Senhor encontrar-nos-á preparados, e não no contrapé, se pusermos as nossas energias em corresponder ao que Deus nos pede em cada instante, seja no trabalho ou no descanso, nas responsabilidades familiares ou sociais, na luta pessoal por alcançar a maturidade na vida cristã...

Penso que, em face destas considerações, nenhum leitor suspeitará que é convidado à imprevisão. Como é sabido, a previsão é um dos fatores que integram a virtude da prudência. Deus não pede aos homens, seus filhos, que se deixem levar apenas pelas urgências do momento. É evidente que têm necessidade de planejar o seu futuro. Mas esses planos só devem ocupar-lhes a atenção atual na medida em que exijam *hoje* determinadas medidas ou conduta; neste caso, não se trata de nenhuma "pré-ocupação", visto que são ações que correspondem àquele dia, ainda que o seu processo deva culminar mais adiante.

Assim, por exemplo, não seria justo chamar pré-ocupações às medidas que um pai toma para evitar que o seu filho venha a corromper-se. Isso é o que deve fazer hoje, e é o modo de evitar que amanhã tenha de procurar um advogado para tirar o rapaz da prisão por tráfico de drogas. Mas já seria absurdo que perdesse atualmente o tempo passando em revista os advogados de renome para o caso de um dia ter de escolher um defensor para o filho.

Nada disto são conselhos humanos de higiene mental, que aliás pouco resolvem. Lembro-me da impressão que me causou ter notícia do suicídio do autor de um livro intitulado *Como evitar preocupações*.

Por trás das considerações feitas acima, esconde-se um fundo teológico que ressalta nestas linhas: "Mas, às vezes, admitimos na nossa vida outros fantasmas que vêm de longe: são os temores de males futuros [...]. Um simples raciocínio sobrenatural seria suficiente para os varrer: se esses perigos não são atuais e esses temores ainda não se verificaram, é óbvio que não dispomos da graça de Deus necessária para os vencer e aceitar. Se esses receios vierem a cumprir-se, então não nos faltará a graça divina e, com ela e com a nossa correspondência, a vitória, a paz. É natural que não tenhamos agora a graça de Deus para vencer os obstáculos e aceitar as cruzes que existem apenas na nossa imaginação"[2].

Um dos grandes tormentos na vida de oração consiste precisamente nas distrações que se empenham em levar a nossa

---

2 Salvador Canals, *Reflexões espirituais*, 4ª ed., Quadrante, São Paulo, 2023, pp. 103-4.

mente para um objetivo diferente daquele que deveria absorver-nos naquele momento: conversar com Deus, seja por palavras sentidas (oração vocal), seja por um diálogo afetuoso sem palavras (oração mental). Não se trata de estender-nos aqui sobre os muitos modos de combater a tendência para a dissipação nesses momentos. Mas um dos remédios que se relacionam com o nosso tema e é aconselhado pelos mestres da vida interior consiste em desviar as distrações. Em vez de permitir que o ocorrido *antes* ou o que possa ocorrer *depois* nos tirem do presente, experimentemos converter esses ontem ou amanhã em *agora*. Como? Introduzindo esse tema na nossa conversa com Deus: pedindo perdão pelas faltas passadas, já confessadas, que naquele momento nos importunam a memória, ou pedindo graça para as circunstâncias vindouras... Assim a distração se converte em oração.

É um erro funesto representar a vida como um todo simultâneo. E é um erro perigoso porque induz ao desalento. Mas além disso é falso. Porque o que o Senhor nos pede é que lhe sejamos fiéis *hoje*: que eu sorria hoje para aquela pessoa que não me cai bem, que cumpra hoje aquele dever profissional que venho adiando, que corte hoje e a partir de hoje com certas manifestações de afeto por determinada colega, que hoje reze o terço... São coisas que posso fazer hoje, com a graça de Deus. Por outro lado, quem me garante que haverá um amanhã para mim?

É bastante ilustrativa para a luta interior do cristão aquela súplica que se formula quase no final do *Te Deum*: "Digna-te, Senhor, preservar-nos do pecado *no dia de hoje*", porque, se chegarmos a amanhã — parece subentender-se —, amanhã tornaremos a rezar o *Te Deum*. É, aplicado à vida sobrenatural, o conteúdo daquele cartaz exposto permanentemente em algumas lojas ou bares: "Hoje não se vende fiado". Que necessidade há de referir-se a amanhã?

Isto que é necessário para a luta ascética, também é um princípio que regula a atividade apostólica que incumbe a todo o batizado.

É razoável a impaciência de um cristão perante a ignorância ou a indiferença de algumas pessoas das suas relações. Compreendem-se muito bem as ansiedades de São Paulo durante os dias que passou em Atenas: *Consumia-se o seu espírito vendo a cidade cheia de ídolos* (At 17, 16). Pouco teria adiantado destruir aquelas falsas imagens. O Apóstolo faz o que naquele momento estava ao seu alcance: *Disputava na sinagoga com os judeus e prosélitos, e na praça, todos os dias, com os que ali se encontravam* (v. 17). Mais tarde, conseguirá pregar no Areópago, e falará em termos compreensíveis para aquela gente: aludindo ao "Deus desconhecido" que os ouvintes já veneravam sem conhecer. De maneira nenhuma lhes falou como costumava fazer com um público judeu, preparado por todo o

Antigo Testamento para receber a mensagem evangélica.

É claro que, quando se pretende aproximar uma pessoa de Deus, é preciso pedir-lhe um pouquinho mais do que pode dar. É como se faz quando se pretende fazer avançar um burrico pondo-lhe um punhado de cenouras um palmo adiante do focinho. Não tão perto que as coma sem mexer-se do lugar, nem tão longe que a preguiça vença a gula. Esse amigo ou conhecido que me proponho tirar da apatia religiosa terá de subir degrau a degrau a escada do conhecimento de Deus e, por fim, da amizade com Ele. Se, por exemplo, se encontra no patamar 5 e lhe proponho que passe de um pulo para o patamar 50, o mais provável é que não se mexa do lugar. Mas se hoje o estimulo fraternalmente a subir ao patamar 10, que lhe é acessível, é de esperar que se anime a fazê-lo. E assim por diante, passo a passo, sem nervosismos nem precipitações da minha parte: *Não vos inquieteis com o dia de amanhã* [...]*; basta a cada dia o seu cuidado* (Mt 6, 34).

Este itinerário, além de ser geralmente o mais eficaz, é acessível a todos, não apenas aos que têm o dom da palavra ou uma simpatia avassaladora, mas aos "segundos", sem dotes para convencer quem quer que seja, e, no entanto, de coração humilde e afetuoso: homens capazes de ser instrumentos da graça divina precisamente por deixarem transparecer o rosto de Deus melhor que o sábio de raciocínios fulgurantes e esmagadores ou o homem de comando que domina qualquer ambiente, chamando a atenção para si, quando o que importava era chamar a atenção para o Deus desconhecido.

Esta dedicação apostólica paciente, bem própria dos que não se destacam por dons clamorosos, mas atraem pela sua constância amistosa — apoiada na solidez dos seus conhecimentos doutrinários e das suas virtudes humanas e cristãs —, faz-se acompanhar, além disso, de um clima de paz característico de quem sabe que nem o êxito nem o fracasso estão nas suas mãos: cabe-lhe dar o pequeno passo que está ao seu alcance hoje e agora, e o resto — o resultado — é com Deus e com a pessoa por quem se desvela.

Assim se vive com um grande sentido realista, que falta aos grandiloquentes senhores de si, aos iluminados, aos malabaristas e aos que vivem de ilusões.

A Santíssima Virgem é modelo desse sossego que traz à alma ocupar-se dos problemas reais e empregar os meios adequados. *Não têm vinho*, diz Ela ao seu Filho, perante um problema real que só Ela capta e cuja solução — também real e imediata — só Ela obtém: o primeiro milagre de Jesus, a pedido de sua Mãe, que vive o dia a dia.

3. Os da hora sexta, ou O PERFEITO "SEGUNDO"

Chegamos agora ao momento de explicar o título deste livro. Pois bem, é uma alusão aos que foram trabalhar na vinha à hora sexta (cf. Mt 20-16) e constituem a perfeita imagem dos "segundos". Talvez fosse mais exato termos dito que esses homens são a figura do "segundo" perfeito.

O proprietário vai contratando vindimadores desde o começo do dia até perto da undécima hora, por volta das cinco da tarde: às nove da manhã (à hora terça), ao meio-dia (à hora sexta), às três da tarde (à hora nona) e, por fim, às cinco (à hora undécima). Todos juntos deram conta do recado. O amo está contente e manda pagar aos jornaleiros, começando pelos últimos contratados. Mas a todos por igual: um denário. Isso suscita uma reação por parte dos primeiros: ao receberem o denário, *murmuravam contra o amo, dizendo: Estes últimos trabalharam apenas uma hora, e tu os igualaste a nós, que suportamos o peso do dia e do calor*. O patrão observar-lhes-á que não cometeu nenhuma injustiça, porque receberam o que tinha combinado com eles.

Jesus aproveita a história para ilustrar-nos sobre a misericórdia divina e exortar-nos à magnanimidade. Mas além deste ensinamento da parábola, podemos extrair outro.

Os da undécima hora ficam mudos com a surpresa, e só lhes resta agradecer a generosidade do dono da vinha. Mas os da primeira hora também deveriam ter permanecido calados, pois o senhor observou a um deles: *Meu amigo, não cometo nenhuma injustiça contigo. Não contrataste comigo um denário? Toma o que é teu e vai-te. Eu quero dar a estes últimos tanto quanto a ti. Ou não me é permitido fazer dos meus bens o que me apraz? Porventura vês com maus olhos que eu seja bom?* (v. 13-15). Esses primeiros perderam uma esplêndida oportunidade de não abrir a boca, até por uma razão de elegância. Não se comentaria na cidade a abnegada lealdade com que tinham suado de sol a sol? Ou não surgiria uma enorme lista de advogados que reivindicariam para eles um acréscimo ao salário combinado, por terem trabalhado uma jornada completa?

Mas, e os da hora sexta, os do meio-dia? Não poderiam eles dizer: "Nós suamos mais que estes últimos. Pusemo-nos a trabalhar quando o sol mais queimava, quando ninguém nos viu chegar porque todos dormiam a sesta"? Porém, à vista da remuneração dos primeiros, não teriam motivo para protestar: tinham trabalhado mais que os últimos, mas metade do que tinham trabalhado os primeiros.

Não é aventurado pensar que aqui reside boa parte da abnegação — em que nem sequer parece abnegação. A esses operários da hora sexta ninguém consideraria merecedores de reclamar. Que outra coisa podiam fazer senão ficar de boca fechada? E isto tem um valor inigualável: o de que semelhante virtude só pode esperar o reconhecimento de Deus. Os homens não lhes atribuirão mérito algum; sempre pensarão que uma virtude — neste caso o silêncio — vivida por força das circunstâncias não é tal virtude. Mas há aqui um erro de apreciação bastante comum.

Com efeito, é um erro pensar que a essência da virtude cristã reside no esforço que se põe em adquiri-la ou praticá-la.

Por um lado, está por demonstrar que decidir-se a praticar uma virtude difícil exige mais energia do que aceitar interiormente exercê-la quando a iniciativa não procede do próprio interessado. São Tomás de Aquino, seguindo neste ponto a doutrina de Aristóteles, considera que o trabalho de aguentar (*sustinere*) requer mais fortaleza que o de acometer (*aggredi*): é mais difícil (*dificilius*) — observa — permanecer imóvel ante as contrariedades impostas pelas circunstâncias do que lançar-se a tarefas árduas (cf. *Suma Teológica* II-II, a. 3, q. 123, a. 6).

Por outro lado, agir voluntariamente nem sempre significa que haja a possibilidade de escolher. Assim, por exemplo, a Igreja considera mártires os que padecem a morte quando infligida por ódio à fé católica. Mas em nenhum lugar se diz que só sejam mártires os que tenham tido a opção de abjurar, e assim livrar-se do castigo, e a tenham descartado. São também mártires os que, embora não se lhes oferecesse essa disjuntiva, aceitaram corajosamente a morte. A única diferença é que, aos olhos dos homens, o sacrifício destes "mártires à força" tem menos brilho: que remédio tinham senão aceitar? É o caso dos operários da hora sexta. E ver-se privado da pequena satisfação de pensar que, "se eu quisesse, não estaria aqui", parece-me que constitui como que um suplemento do martírio imposto sem oferecer alternativa alguma. Ora, se isto se aplica aos mártires, por que mudar de critério quando se trata dos confessores?[1]

Um pouco disto é o que tratava de fazer-me compreender um amigo meu. Acabara de obter, depois de um renhido concurso, a nomeação para uma cátedra universitária — um título que lhe permitiria adquirir prestígio entre os colegas. Mal tinha começado a beneficiar-se da nova posição, convidaram-no a trabalhar em certa obra beneficente recém-iniciada. Para estimulá-lo, mencionaram-lhe o caso de um prestigiosíssimo colega que decidira aceitar igual convite. O meu amigo comentava: "Sim, F. tem muito mérito pela decisão que tomou. Mas esse senhor já

---

1 São chamados confessores os santos que deram testemunho heroico de amor a Deus e aos homens e que "confessaram" esse amor pela sua vida e obras, sem terem sido submetidos ao martírio (N. do E.).

tem um nome feito, e as pessoas elogiarão o passo que deu. Quanto a mim, ninguém me elogiará. Até chegarão a pensar que não valho para mais nada". Ao ouvi-lo, dei-lhe razão no meu íntimo e lembrei-me dos vindimadores contratados ao meio-dia: ninguém lhes louvou o silêncio.

Também me lembrei deles quando outro amigo, este sacerdote, me comentou como lhe *viveram* a humildade na repartição onde se tiravam e se renovavam as carteiras de identidade. Nos formulários que preenchera, fizera constar a sua condição de professor universitário. Quando recebeu o documento, viu que estava escrito: "Professor de seminário". Levemente incomodado, fez notar o erro ao funcionário. Este respondeu-lhe calmosamente: "Deixe para lá! Afinal, não dá na mesma? Quem sabe se, no próximo ano letivo, os seu superiores não o mandam para outro lado, e o sr. deixa de ser sequer professor de seminário?" O erro não tinha a menor importância, mas a verdade é que o meu amigo nem ao menos pôde atribuir a si a iniciativa da pequena humilhação. Só lhe restou comentar: "Tem toda a razão" e aceitar o documento. Será que a sua humildade não teve valor por lhe ter sido imposta? Claro que era humildade! E de primeira classe! "Não és humilde quando te humilhas, mas quando te humilham e o aceitas por Cristo"[2].

Neste sentido, meditei alguma vez na cerimônia de coroação dos Sumos Pontífices, hoje caída em desuso, em que o cortejo que levava o novo Papa na cadeira gestatória, por entre as aclamações dos fiéis, se detinha três vezes e um membro da comitiva lhe mostrava um círio que se consumia nas suas mãos, ao mesmo tempo que dizia: "Beatíssimo Padre, assim passa a glória do mundo!" Era uma cerimônia realista. Como outrora era realista que um escravo murmurasse ao

---

2 *Caminho*, n. 594.

ouvido dos imperadores romanos, quando desfilavam vitoriosos de regresso das suas conquistas militares: "Lembra-te de que és um homem". Não regatearei valor a semelhante humildade dos poderosos. De qualquer modo, penso com frequência se não seria mais necessário dirigir esses convites à humildade aos simples coadjutores de uma paróquia da periferia ou aos escrivães de uma prefeitura do interior. Parece-me mais difícil que estas figuras tão pouco brilhantes conservem um tom amável de voz, uns gestos modestos, umas pretensões moderadas.

A um Papa ou a um monarca, talvez lhes desse trabalho observar semelhante atitude "democrática", mas não há dúvida de que seria apreciada em todo o seu mérito. Ora bem, um simples funcionário e um padre de aldeia também têm tentações de mostrar-se autoritários: se não procuram fazer-se valer, é muito provável que os tomem por um vigia noturno que vai apitando ao passar pela nossa casa.

Que um garçom passe com a bandeja de acepipes e bebidas numa festa social, é razoável. Mas seria motivo de admiração que o fizesse o embaixador ou ministro que promoveu a recepção.

É a isto que me refiro quando destaco a conduta dos homens da hora sexta. Que São Jerônimo, Santa Maria Egipcíaca ou outros grandes penitentes perfumassem a cabeça para esconder as suas mortificações está sem dúvida de acordo com o ensinamento evangélico (cf. Mt 6, 16-18). Mas quando a mortificação consiste em reduzir o número de cigarros por dia, não faz falta nenhum perfume para esconder o sacrifício. É evidente que tais penitências só as nota *o vosso Pai que vê o que se passa em segredo* (Mt 6, 18).

Se os da primeira hora tivessem recebido em silêncio o seu denário, parecer-se-iam com o doente incurável ou o tetraplégico que nos edificam com a sua alegria sem queixas. Os da sexta, porém, são como qualquer um de nós quando apanhamos um resfriado ou ficamos gripados ou com dor de cabeça, achaques que nem sequer justificam guardar cama. Quanto nos custa calar esses "infortúnios" de que ninguém se compadece, particularmente se os recobrimos de um sorriso!

E que dizer se se trata de contratempos causados, não por um aguaceiro súbito ou por uma cólica sem motivo aparente, mas por culpa alheia? Por exemplo, por um esquecimento da secretária, por uma reação injustamente destemperada de um filho adolescente, pela má educação de alguém que não dá retorno aos nossos sucessivos telefonemas, por uma greve inesperada de ônibus? Temos vontade de gritar: "Como as pessoas não têm um mínimo de consideração! De outro modo, o meu dia seria um céu!" Mas no céu não será preciso que nos perfumemos para esconder o sofrimento que os outros nos causam.

Onde se pede que tenhamos um sorriso é aqui na terra, mesmo à custa de que nos tomem por indivíduos passivos e moles, se não por bobos. A abnegação que o Senhor espera dos "segundos", incapazes de altos voos, é que repitam um prato de frango um pouco queimado ou excessivamente salgado, permitindo que a cozinheira respire e diga para os seus botões: "O coitado não percebeu!" Também disseram de Jesus: *Se é o rei de Israel, desça agora da cruz e acreditaremos nele* (Mt 27, 42). Uma vez que não desce, pensam que não pode, que não é o rei dos judeus. E como o era!

Se não me lembro mal, é Ronald Knox quem comenta num dos seus livros que este mundo está muito mal organizado, porque *o sol nasce sobre maus e bons, e chove sobre justos e injustos* (Mt 5, 45). Assim não há modo de entender-se! Que claras ficariam as coisas se os futuros réprobos ou os cristãos mornos fossem excluídos de receber a correspondência, ou se, à hora do chuveiro no pico do inverno, lhes saísse água fria! Tudo seria muito mais simples e não haveria lugar para confusões.

Por desgraça — ou por fortuna —, não é assim, e continuará a haver santos de "segunda classe", desses que ninguém se lembraria de canonizar. Mas Deus sabe muito bem que esses homens não foram supérfluos e Ele cuidará de glorificá-los, ainda que pensemos que foram apenas indivíduos de caráter reto e bom, talvez um pouco infelizes pelos padrões humanos, segundo a imagem que São Paulo traça dos servidores de Cristo:

Nós fracos, vós fortes; vós ilustres, nós vis [...]; insultados, abençoamos; perseguidos, suportamos; caluniados, consolamos!: chegamos a ser tidos como a escória do mundo (1 Cor 4, 10-13); *qual impostores, somos verazes [...]; qual moribundos, vivemos; qual condenados, estamos livres da morte; qual tristes, continuamos alegres; qual mendigos, enriquecemos muitos* (2 Cor 6, 8-10).

Antes de terminar este capítulo, desejaria esclarecer um aspecto que poderia dar lugar a uma falsa interpretação.

Ao comentar a discrição daqueles vindimadores da hora sexta, posso ter dado a impressão de que o seu silêncio foi a virtude mais trabalhosa, mais difícil. Mas não estou certo de que fosse assim; nem é preciso. O que procurava sublinhar é que a virtude cristã não significa necessariamente dificuldade. Já falei da tendência a identificar santidade com obras custosas. Mas não é bem assim, embora sejam santos os que, arrastados pelo amor de Deus, empreendem tarefas árduas e de grande alcance. Precisamente a lição da parábola é que todos os operários, independentemente da hora em que foram contratados, receberam por igual um denário. Não parece que o Senhor avalie as nossas vidas pela dificuldade dos empreendimentos acometidos. Quando muito, essa dificuldade será apreciada como indício de um forte amor.

Porque o que conta em última análise é o amor. Um amor que pode manifestar-se em esforços titânicos ou pode passar quase escondido..., a não ser ao olhar do seu destinatário: "Falas-me — escrevia a este propósito São Josemaria Escrivá — de morrer «heroicamente». — Não achas que é mais «heroico» morrer despercebido numa boa cama, como um burguês..., mas de mal de Amor?"[3]

Vem-me à mente a figura tocante da Santíssima Virgem, a respeito do martírio pouco aparente. Bem é verdade que a nossa Mãe serviu o Senhor desde a primeira hora ou, melhor, antes da primeira hora: a sua Conceição Imaculada consagrou-a a Deus desde o claustro materno. Mas nem por isso deixa de chamar a atenção que a Rainha dos Mártires seja uma Criatura de quem se proclama que nem sequer morreu, porque o seu trânsito foi uma dormição serena, um pacífico sono de amor.

---

3 *Caminho*, n. 743.

4. O irmão mais velho do filho pródigo, ou

BOAS E MÁS CARAS

Neste capítulo, ocupar-me-ei de um primogênito que, no entanto, mostra quase todas as características de um "segundo". É o irmão mais velho do filho pródigo, uma figura pouco brilhante. Mais ainda, todos os indícios apontam para a sua mediocridade. Não parece homem de grandes pecados nem, ao menos à primeira vista, adornado de virtudes singulares. Pelo que diz a parábola, as suas ambições mais altas não vão além de um cabrito para festejar com os amigos. Nem sequer em momentos de irritação será capaz de protagonizar gestos teatrais; limitar-se-á, de cara amarrada, a sair do meio, e será preciso puxar-lhe da língua para que extravase os seus sentimentos.

A sua imagem enquadra-se perfeitamente na galeria dos "segundos". De maneira nenhuma tem um papel de relevo na história. Mesmo que não aparecesse na narrativa evangélica, esta conservaria quase intacto o seu ensinamento; sem esse filho mais velho, a parábola continuaria a ser a mais emocionante de todas. Há quem pense que a sua intervenção até tira força ao relato: distrai a atenção do tema central (a misericórdia divina) e constitui um contraponto quase desnecessário, um apêndice que se poderia eliminar sem perder grande coisa. Mas a verdade é que aí está ele; e o Senhor saberá por que o faz.

Há tempos, caiu-me nas mãos um livro que comentava essa figura, e folheei-o por alto, o suficiente para reparar na tese: o "filho fiel", assim recalcava o autor com certa mordacidade, não passaria de um perfeito hipócrita, homem invejoso e revestido de certa túnica puritana, em contraste com as vigorosas paixões do irmão mais novo. E como todos tendemos a proteger o mais fraco, fiz o propósito de algum dia quebrar lanças em seu favor.

A história é sobejamente conhecida (cf. Lc 15, 11-32). O filho mais novo pede ao pai a sua parte da herança e põe-se a caminho de outra região, onde dissipa em festanças e com mulheres da vida o dinheiro que recebeu. Até que cai na miséria e decide voltar para casa, onde ao menos não morrerá de fome. O pai, que não tinha deixado de esperar pelo seu retorno, vai-lhe ao encontro, abraça-o e organiza imediatamente um festim de boas-vindas.

Nessa ocasião, o filho mais velho estava no campo, como todos os dias, labutando com os jornaleiros, arando o terreno para a nova plantação, enfrentando o sol e as moscas. Concluída a jornada, inicia o regresso, cansado e desejoso de sossego e silêncio. E, ao aproximar-se de casa, ouve sons de música e danças, vê os criados irem e virem entre a adega e a casa, e, estupefato, por ser um dia corrente, pergunta a um deles o que se passa: *O teu irmão voltou e teu pai mandou matar um bezerro cevado, porque o recuperou são e salvo*, foi a informação apressada que recebeu. Indignado, cabisbaixo e carrancudo, não quis entrar no salão, e quando, estranhado da demora, o pai saiu à sua procura, veio a explosão: *Há tantos anos que te sirvo sem nunca ter transgredido nenhuma das tuas ordens, e nunca me deste um cabrito para festejar com os meus amigos. E agora que voltou este teu filho, que gastou os teus bens com meretrizes, logo mandaste matar um bezerro cevado.*

É uma reação que lembra a daqueles operários contratados ao amanhecer, que tinham suportado integralmente o peso do dia e do calor e se sentiram injustiçados por não terem recebido um *plus*. Com a agravante de que, no caso destes, tratava-se de jornaleiros a soldo de um vinicultor, e, no do primogênito, de um filho que trabalhava para o pai. A resposta do pai tem em vista retificar um modo de ver viciado na raiz: "Não me fales como a um patrão, porque sou teu pai. *Tu sempre estás comigo, e todos os meus bens são teus*. Não trabalhas numa terra alheia, não estás a serviço de ninguém, mas estás tão interessado como eu em que a casa prospere. Afinal de contas, é a tua casa". Tal como no caso dos operários da primeira hora, teria sido suficiente um pouco de magnanimidade para que esse filho se alegrasse e aderisse ao comportamento generoso do amo da casa. Quem se mostrou injusto não foi o pai, mas ele mesmo. Com os seus grunhidos, oferece uma interpretação pejorativa da sua lealdade.

Mas parece-me que se pode também ter em conta uma explicação mais simples para esse desabafo exaltado: nós, os "segundos", não somos — ou ainda não somos — homens de uma só peça, como os que têm virtudes consolidadas. E basta uma situação adversa inesperada, aliada ao cansaço, para trazer à superfície umas inclinações naturais não purificadas. É um objetivo que está por alcançar.

A este propósito, recordo-me de um sacerdote meu amigo que, por ocasião da sua Primeira Missa, recebeu de presente meia dúzia de tecas, essas caixinhas de metal em que se coloca uma hóstia para levar a comunhão a um doente. São a peça mais barata dentre as que se vendem nas lojas de objetos litúrgicos, e por isso é natural que seja um presente que mais se repete. Felizmente, a partir da segunda que recebeu, o meu amigo tomou a precaução de ir escondendo as anteriores, para evitar que se gelasse o sorriso de cada visitante que anunciava o seu obséquio "original": "Olhe, trouxe-lhe uma coisa: é muito pequena, mas certamente ninguém mais se lembrou de oferecer-lhe". Um cuidado como esse do sacerdote denota grandeza de ânimo.

Aonde nos podem levar estas considerações? A guiar-nos por um critério modesto: o de que as súbitas más caras ou até más palavras podem ocultar a realidade, e que convém usar de circunspeção à hora de avaliar a vida cristã, sobretudo a alheia, mas também a própria.

Quantos sacerdotes diretores de almas não terão ouvido queixas com estas: "Sinto-me completamente frio na Missa ou quando comungo", "Não tenho nenhuma vontade de confessar-me periodicamente", "Tem-me custado rezar", "Não estou com disposição para mortificar-me". Esses lamentos, porém, pressupõem uma coisa: que a pessoa não falta à Missa, confessa-se, reza, sacrifica-se pelos seus ou no trabalho. Essa inapetência é, pois, pouco significativa, e a cara de poucos amigos é passageira.

É indubitável que seria preferível pôr sempre boa cara, já que *Deus ama quem dá com alegria* (2 Cor 9, 7). Mas a alegria não se traduz forçosamente em entusiasmo e castanholas. Neste sentido, comove tropeçar no Novo Testamento com a passagem em que São Paulo deixa entrever o seu cansaço, um cansaço que o leva a suspirar pelo descanso eterno. Exprime a sua fadiga e formula os seus desejos com delicada perplexidade: *Embora viver na carne seja para mim um trabalho frutuoso, ainda não sei o que escolher. Sinto-me pressionado dos dois lados: por uma parte, desejaria morrer para estar com Cristo, que é muito melhor; por outra, quereria permanecer na carne, o que é mais necessário para vós* (Fl 1, 21-25).

Mas a possibilidade de optar não passa de imaginação. Quem marca o tempo de trabalhar e o tempo de descansar é Deus. E Paulo, que conhece bem a praxe divina, sabe perfeitamente que, aqui em baixo, terá de carregar de um lado para outro a sua já pesada ossatura: *Estou firmemente persuadido de que ficarei e permanecerei convosco para vosso proveito e regozijo na fé* (ibid.). Essa aparente resignação, porém, não leva a concluir que o Apóstolo continuará a sua missão baseado no puro cumprimento de um dever ingrato, levado a cabo de má vontade: *Anunciar o Evangelho não é glória para mim, mas uma necessidade que se me impõe* [...]. *Então, em que consiste a minha recompensa? Em que anuncio o Evangelho gratuitamente* (1 Cor 9, 16-18). Quem regateará o mérito do trabalho paulino, simplesmente por ter havido um momento em que se cansou?

Coisa parecida se pode afirmar do nosso herdeiro resmungão. Como vimos, não somos homens de uma só peça nem organismos perfeitamente harmônicos. Pelo contrário, temos uma prodigiosa capacidade de incoerência, que nos distingue tanto dos anjos como dos animais: não é possível que um anjo cometa sequer um pecado venial; nem que um animal sacrifique os seus apetites. Nós, porém, somos capazes de realizar obras boas arreganhando os dentes vez por outra. Mas isso não converte em má toda a nossa conduta. Não seria justo dar maior importância às eventuais caretas de desgosto: "Não te preocupes se te aborreces quando fazes essas pequenas coisas que Ele te pede. — Ainda chegarás a sorrir... Não vês com que pouca vontade dá o menino simples ao seu pai, que o experimenta, a guloseima que tinha nas mãos? — Mas dá: venceu o amor"[1].

O filho mais velho teria errado se — caindo em si após as belíssimas palavras do pai — se enchesse de vergonha e pensasse que todo o seu passado de dedicação fiel se devia ao desejo tacanho de vê-lo reconhecido e recompensado com um novilho cevado ou uma festa com música e dança. Esse erro de apreciação não desvalorizaria o mérito da sua lealdade.

Nem sempre é possível, como seria ideal, atualizar com frequência os desejos de glorificar a Deus nos nossos trabalhos;

---

1 *Caminho*, n. 881.

aliás, não é imprescindível que a santidade dessas intenções seja consciente em cada momento. Um veraneante a ponto de sair de férias com a família pode irritar-se e dar dois gritos à esposa por se atrasar no último momento, ou recriminar o moço da estação por maltratar a mala acabada de estrear; mas isso não implica que se arrependa da viagem ou que tenha perdido o entusiasmo pelas semanas de descanso no campo que o esperam. Coisa parecida acontece na vida cristã.

Sempre me consolou a descrição que Jesus faz do Juízo Final. Tudo parece indicar que, naquele momento, muitos dos situados à direita terão passado a vida sem terem renovado ou sido conscientes em muitas ocasiões da sua intenção de servir, pois já a têm por terem vivido na graça de Deus: *Quando, Senhor, te vimos com fome e te demos de comer? Ou com sede e te demos de beber?* (Mt 25, 37-38). Estavam longe de pensar a quem realmente serviam. Mas o Senhor, esse sim, sabia e agradece.

Talvez haja ocasiões em que se requeira toda a sabedoria divina para descobrir o amor por debaixo de atitudes bem ruins. Este foi, ao pé da letra, o caso de São Pedro. Não havia muito tempo que por três vezes seguidas negara conhecer Jesus. No entanto, o carinho existia, se bem que, para testemunhá-lo, o pobre Cefas tivesse precisado de apelar para a onisciência de Deus. À pergunta de Jesus, que não o censura, mas simplesmente lhe pergunta: *Simão, filho de João, tu me amas?*, o Apóstolo responde humildemente: *Senhor, tu sabes tudo, tu sabes que eu te amo* (Jo 21, 15-17). Quase ninguém teria apostado um centavo nessa cartada de afeto de Pedro. Mas Jesus aceita-a e dá por seguro e inabalável o indemonstrável protesto de amor daquele a quem confirma a missão de reger a Igreja.

Com estas reflexões, teremos reabilitado um pouco a figura do filho queixoso? Uma coisa é certa: que, afinal de contas, o primogênito era leal; sempre o tinha sido. Seu pai sabia-o muito bem e não tomou a sério o despeito rabugento do seu herdeiro; repreendeu-o, sem por isso deixar de lhe agradecer a prosperidade da fazenda.

De qualquer modo, fica um ensinamento para todos nós, "segundos", que temos duas caras, como as moedas. E o ensinamento é que não devemos julgar-nos piores do que somos, ruminando melancolicamente os nossos deslizes e extrapolando-os: o que temos de procurar é que domine o nosso lado melhor, que tiremos dos nossos arrebatamentos a conclusão de que devemos examinar a raiz dos nossos comportamentos, endireitando-os para que consistam em querer servir a Deus só por Deus, sem comparar-nos com ninguém, sem esperar reconhecimentos e pagas humanas.

É um exercício de exame da nossa consciência, que nos pode e deve levar — para não cairmos em novas reações fora de controle — a um trabalho incessante de purificar o fundo das nossas intenções; numa palavra, de arrepender-nos e *recomeçar*, coisa que não é própria apenas dos "segundos", mas também, necessariamente, dos da primeira fila, dos que caminham para a santidade mais alta e por isso também sabem o que é tropeçar... e reerguer-se.

Assim o reflete o Evangelho, que fala muito de filhos e vinhas: *Um homem tinha dois filhos e, dirigindo-se ao mais velho, disse-lhe: "Vai trabalhar para a minha vinha". Ele respondeu: "Não quero". Pouco depois, arrependeu-se e foi. E o pai, dirigindo-se ao outro, disse-lhe o mesmo, e ele respondeu: "Vou, senhor", mas não foi* (Mt 21, 28-30). E Jesus perguntou aos ouvintes: *Qual dos dois fez a vontade do pai?* E eles responderam sem hesitar: *O primeiro* (ibid. v. 31). Nesta vida, sempre temos a oportunidade de dar meia volta, de passar a ser como esse primeiro filho, corrigindo os nossos impulsos; pouco importa que sejamos "segundos", se estamos dispostos a retificar as nossas primeiras reações.

A nossa Mãe Santa Maria não é somente a *Rainha de todos os santos*, mas também o *Refúgio dos pecadores*; tem os braços abertos com igual carinho para os irascíveis contritos e mesmo para os fariseus arrependidos.

5. São Barnabé, ou A LUCIDEZ DA COMPREENSÃO

O episódio do Novo Testamento sobre o qual podemos agora refletir gira em torno de três figuras do Novo Testamento: Paulo, Barnabé e Marcos. Mas a personagem com a qual parece mais adequado darmos sequência aos traços do "segundo" é Barnabé. "Segundo", sim, embora viesse a ser considerado Apóstolo, juntamente com os Doze (um dos quais foi Matias, em substituição de Judas Iscariotes) e com Paulo de Tarso.

Barnabé tem um perfil atraente, que desperta simpatia. Os Atos dos Apóstolos qualificam-no como "bom": *Era um homem bom e cheio do Espírito Santo e de fé, e, à sua chegada a Antioquia, aproximou do Senhor uma numerosa multidão* (At 11, 24).

É fácil imaginá-lo de feitio puxando para o paternal, grandão, gordo e alto, que, talvez pela sua estatura, levou os naturais de Listra a tomá-lo por Zeus, pai dos deuses, ao passo que atribuíram a Paulo, baixinho e impetuoso, o papel de Hermes, deus andarilho e falador.

Seria inexato descrevê-lo como um bonacheirão, incapaz de heroísmos. A título de amostra, conhecemos dele um gesto que causou um grande rebuliço entre os primeiros fiéis. Contam os Atos dos Apóstolos que Barnabé decidiu vender um campo de que era proprietário e *levou o preço e depositou-o aos pés dos Apóstolos* (At 4, 37); um gesto que, segundo parece, animou outros discípulos a imitá-lo.

Mas o que merece ser sublinhado nele é uma faceta muito peculiar da sua personalidade: a sua capacidade, discreta e eficaz, de descobrir e promover gente valiosa. Barnabé é um desses indivíduos dotados da agudeza necessária para adivinhar pessoas de qualidade.

O seu primeiro achado desse gênero de que temos notícia veio a ter imensas repercussões: o "valor" que descobriu foi nada mais, nada menos, que São Paulo. Não uma, mas duas vezes, Barnabé trouxe Paulo à luz, passando por cima da fama adversa e dos temores que rodeavam o até pouco antes perseguidor dos cristãos.

O capítulo nono dos Atos dos Apóstolos narra o ambiente que se respirava entre os cristãos de Jerusalém quando, recém-convertido, Saulo teve de fugir de Damasco e se dirigiu à Cidade Santa: *Tendo chegado a Jerusalém, tentou juntar-se aos discípulos, mas todos o temiam, não querendo crer que se tivesse tornado discípulo* (At 9, 21). Nesse momento interveio o nosso grandalhão e simpático amigo: *Então Barnabé, levando-o consigo, apresentou-o aos Apóstolos e contou-lhes como Saulo vira o Senhor no caminho, e que lhe havia falado, e como em Damasco pregara com desassombro o nome de Jesus* (v. 27). A palavra de Barnabé consegue para Saulo um lugar entre os irmãos de Jerusalém, quando nenhum deles teria apostado nem um sestércio na confiabilidade do suspeito personagem.

Mas Paulo não pode aguentar muito tempo na Cidade Santa sem armar confusão: *Pouco depois, os discípulos tiveram de levá-lo a Cesareia, para evitar que o matassem, e dali o fizeram partir para Tarso* (v. 30; 11-25).

Um silêncio de quase cinco anos envolve a figura de Paulo, confinado na sua cidade natal e dedicado provavelmente à sua profissão de fabricante de tendas. Nesse meio tempo, a evangelização progride e chega também aos gentios. Em alguns lugares, particularmente em Antioquia, faz-se sentir a necessidade de catequistas. O Senhor tinha certamente previsto o momento para o recomeço do trabalho de Paulo. E também será

Barnabé quem, com aguda visão e agora de modo definitivo, desenterrará o Apóstolo das Gentes: *Barnabé partiu para Tarso em busca de Saulo, e, achando-o, conduziu-o a Antioquia, onde estiveram juntos pelo espaço de um ano e instruíram uma numerosa multidão* (ibid. 11, 25-26). A partir desse momento, a estrela de Paulo aumentará de brilho na Igreja, a princípio ao lado de Barnabé e, mais tarde, eclipsando pouco a pouco aquele que o tinha descoberto.

É forçoso reconhecer que também não parece uma façanha adivinhar uma pessoa do calibre de Paulo. Afinal, não era um desses indivíduos que se encostam num canto. O seu histórico caracterizava-o, desde jovem, como um dos que estão sempre na primeira fila, pelo ardor com que pregava a doutrina da Lei de Moisés, pela sua fobia inquisitorial ou pelo empenho com que concitava à ira os seus companheiros na defesa do judaísmo. Por outro lado — e isto é o fator determinante —, tinha em seu favor o chamado divino. Mas o certo é que, na sua nova vida, ninguém estava disposto a conceder-lhe uma oportunidade. E é essa situação que confere um mérito singular à clarividência de Barnabé.

Essa clarividência ressaltará pouco depois no caso de Marcos, que não estava dotado das mesmas qualidades de Paulo: não parece que a sua conversão ao cristianismo lhe tivesse sido particularmente difícil, pois a sua mãe era uma cristã chamada Maria, em cuja casa de Jerusalém se reuniam os irmãos, e para onde São Pedro se dirigira mal o anjo o libertara da prisão ordenada por Herodes (cf. At 12, 12). Era nesse ambiente aprazível que Marcos vivia quando Barnabé, seu tio, o escolheu para acompanhá-los, a Paulo e a ele, nas viagens apostólicas (cf. At 13, 4-5). Os três foram à Selêucia, dali a Chipre, que percorreram até Pafos, e de lá partiram para Perge, na Panfília.

Foi em Perge que se deu o incidente que se presta a uns momentos de reflexão.

Quando o grupo se preparava para ir a Antioquia da Pisídia, Marcos separou-se e regressou a Jerusalém (cf. At 13, 13). Fraquejou e não se sentiu com forças para acompanhar o ritmo dos dois Apóstolos; aliás, não sem um certo tino, pois as escalas que os aguardavam estariam todas elas marcadas por sobressaltos e fugas precipitadas, em Antioquia, em Icônio, em Listra... E quando, quatro anos mais tarde, Paulo animou Barnabé a visitar novamente as cidades evangelizadas, deu-se um choque: Barnabé queria levar consigo o sobrinho, mas Paulo achou que não devia fazê-lo, pois Marcos se tinha desligado deles em Panfília: *Houve tal discussão, que se separaram um do outro, e Barnabé, levando consigo Marcos, navegou para Chipre, ao passo que Paulo, levando consigo Silas,* [...] *atravessou a Síria e a Cilícia* (cf. At 15, 39-41). Cada um foi para o seu lado.

Foi um acontecimento lamentável, mas que nos é muito instrutivo, porque contribui para fomentar a esperança naqueles que, como nós, não podendo ver-se retratados no heroísmo dos santos, ao menos podem consolar-se observando que os santos também têm defeitos e, no caso de Paulo e Barnabé, continuarão a ser alicerce da Igreja.

Quanto a Marcos, a Sagrada Escritura pouco mais nos diz. Mas esse pouco basta para dar toda a razão a Barnabé, figura que irá desaparecendo paulatinamente, ao contrário das pessoas por ele descobertas. De Marcos sabemos sobretudo que, apesar da sua pouco brilhante estreia como evangelizador, acabará por ser um dos quatro evangelistas, dóceis ao Espírito Santo, a quem devemos o testemunho autorizado e oficial da vida, palavras, feitos, paixão, morte e ressurreição de Cristo Nosso Senhor.

Esse é Marcos, o homem que, se não fosse pela compreensão de Barnabé — e, evidentemente, pela eleição divina —, teria permanecido o resto da sua vida em

Jerusalém, depois do passo em falso que dera nos seus anos moços, encolhendo-se ante a perspectiva das azarosas nuvens tempestuosas que se avizinhavam para os primeiros missionários da fé.

Quanto a Barnabé, poderia muito bem não ter feito outra coisa de interesse na sua vida senão descobrir Paulo e Marcos. Isso teria bastado para merecer-lhe um lugar de destaque no Novo Testamento.

Talvez também muitos de nós não realizemos façanhas pessoais dignas de passar para a história. Mas, por muito "segundos" que sejamos, o que há que nos impeça de cumprir o modesto papel de trazer à luz "valores", de descobrir protagonistas potenciais?

Suspeito que, com frequência, há, sim, um obstáculo que o dificulta: a nossa falta de compreensão para com as fraquezas alheias, a rigidez dos nossos juízos pejorativos, falsamente lúcidos. Temo que muitos de nós teríamos chutado a escanteio o segundo evangelista

("Que se pode esperar de um covarde?") ou o próprio São Paulo ("Com este homem só ganharemos sobressaltos!").

Antes de ponderarmos o exemplo de compreensão que Barnabé nos oferece, convém formularmos uma advertência preliminar: ser compreensivo com as misérias alheias, não assustar-se muito com elas e sobretudo não emitir levianamente juízos definitivos, não significa desconhecer que há nas pessoas defeitos e erros. Do próprio Jesus, a mansidão em pessoa (cf. Mt 11, 29), diz o Evangelho que *Ele sabia o que há no homem* (Jo 2, 24-25). Entrega-se aos homens, toma-os como colaboradores. Porém, não os escolhe às cegas, mas conhecendo perfeitamente as limitações que tinham. A compreensão não é uma atitude cômoda que leve a justificar o injustificável. Não é fazer como aquelas boas senhoras que, numa Sexta-Feira Santa, diziam de Judas, o traidor: "Pobrezinho! Devia ter as suas razões..."

Prossigamos. A primeira condição para sermos compreensivos é não nos deixarmos impressionar pelas aparências. Uma reação brusca não constitui necessariamente um sintoma de desafeto. Muitas vezes, até mesmo uma cara habitual de poucos amigos pode encobrir um temperamento tímido, que defende o mais possível a sua intimidade. Nessas circunstâncias, convém que nos acostumemos a deixar passar o vendaval de uma explosão súbita, ou, se se trata de uma atitude habitual, que aprendamos a olhar por baixo daquela superfície de ouriço. Isto aplica-se a muitas outras impressões negativas que nos pode causar a conduta deste ou daquele. Antes de formarmos um juízo, vale a pena que esperemos um pouco, até conhecermos mais a fundo as pessoas.

Em segundo lugar, impõe-se identificar e isolar bem os motivos das apreciações negativas. Lembro-me de ter ouvido São Josemaria Escrivá dizer que não chegaremos a conclusões pessimistas se soubermos circunscrever uma deficiência alheia, à semelhança de um médico, que não diz "tudo está podre", já que um doente não é um corpo para o cemitério; sempre é possível curá-lo, se se localiza bem o foco da doença[1].

O erro de São Paulo em Perge foi que não matizou o seu juízo nem penetrou nas razões da deserção de Marcos. Não compreendeu que não pedia ao jovem uma simples dedicação, mas uma dedicação heroica. Às vezes, basta dizer a uma pessoa que o que se lhe pede é uma conduta difícil para que se disponha a fazer o sacrifício. Ou mostrar-lhe os benefícios que traz. Se um pai diz aos filhos que o filme que querem ver — um filme com cenas inconvenientes — é um filme fraco que não vale a pena ver, certamente deparará com a resistência geral: "Pai, o sr. não tem

---

1 Cf., por exemplo, *Amigos de Deus*, nn. 9, 20, 79 e 273.

razão. O diretor é bom e o filme obteve muitos prêmios. Se o sr. não quer vê-lo, pode ir para a salinha ao lado e ler um romance, porque nós gostamos". Se em vez disso, lhes diz: "Realmente, é um filme com muitos prêmios, mas também não acontece nada se fazemos este pequeno sacrifício de não vê-lo para conversarmos e nos divertirmos um pouquinho em família", é quase certo que obedecerão de bom grado, porque encontrarão um motivo valioso para o sacrifício. O que não estarão dispostos a ouvir é que sejam tomados por tolos ou incultos. Quando, com toda a franqueza, se propõe a renúncia como renúncia, as coisas mudam muito.

Em terceiro lugar, se Paulo condenou inapelavelmente a decisão de Marcos, Barnabé soube compreender que essa decisão não era incontornável e, certamente com argumentos positivos, manteve o jovem como seu auxiliar: *Barnabé, levando consigo Marcos, navegou para Chipre* (At 15, 39). O que devemos entender para sermos compreensivos é que as atitudes censuráveis de uma pessoa não são necessariamente irreversíveis, irretratáveis. Sempre é possível o arrependimento e por isso não se justificam as condenações inexoráveis.

Lembremo-nos de que Deus tem presente a transitoriedade das nossas decisões, incluídas as pecaminosas. Chegou até a estabelecer uma via ordinária para o perdão: um perdão que está disposto a reiterar, no mesmo dia se for preciso, tantas vezes quantas a pessoa que errou estiver disposta a retificar. Se não seguirmos esta indicação do Mestre, seremos bem capazes de deixar na valeta mais de um evangelista fatigado.

Ligado ao perdão, há por fim um quarto aspecto que caracteriza a compreensão: a luminosidade do carinho.

Marcos não tinha certamente as qualidades de um chefe de fila. Sempre o veremos à sombra de uma figura de têmpera, como eram Barnabé e Paulo... Mas se o olharmos com carinho, poderemos ver nele uma figura insubstituível como secretário que viria a transcrever, assistido por Deus, a pregação do primeiro Papa, São Pedro.

A cordialidade compreensiva de Barnabé fê-lo acertar no seu conceito sobre Marcos: se, apesar da sua pusilanimidade, Marcos tinha perseverado de Antioquia a Perge, passando por Selêucia, Salamina e Pafos, isso não era sinal de que poderia vir a merecer confiança e afeição?

O carinho de uma mãe descobre boas qualidades, com frequência reais, até nos modos menos apresentáveis do seu filhinho. Com certeza que lhe ensinará boas maneiras e o corrigirá até que se comporte bem. Mas ama o filho como é, por mais que se apresente de cara suja diante de uma visita ou ponha a sala de estar de pernas para o ar. Ama-o com as suas travessuras e tudo.

Normalmente, as imperfeições são deformações de traços valiosos do caráter.

Na literatura ascética, é um lugar comum afirmar que o defeito dominante de uma pessoa é precisamente a hipertrofia da sua melhor virtude. Ora, compreender isso num caso concreto pressupõe afeto: significa querer bem a essa pessoa tal como é, incluídas as misérias. Só assim será possível ajudá-la a transformar essas limitações em aptidões positivas e adivinhar num jovem timorato o fidelíssimo notário da pregação apostólica.

O juízo afetuoso de Barnabé, que não desqualifica definitivamente o sobrinho medroso, encontrará uma testemunha particularmente significativa — o próprio Paulo. No final dos seus dias, o Apóstolo das Gentes reconhece o erro que cometeu na penosa disputa de anos atrás. Durante o seu primeiro cativeiro em Roma, transmitirá aos fiéis de Colossas as saudações de *Marcos, parente de Barnabé,* e menciona-o, a ele e a outros dois, como *meus únicos colaboradores no reino de Deus, tendo-me sido de grande consolo* (Cl 4, 10-11).

E quando estiver prestes a ser imolado e só tiver ao seu lado Lucas, porque todos os demais o tinham abandonado ou estavam em missão em outros lugares, pedirá na sua última carta ao caríssimo Timóteo: *Apressa-te a vir ter comigo* [...]. *Toma contigo Marcos e traze-o, que me é muito útil para o ministério* (2 Tm 4, 9-11)[2].

Ao finalizar estas considerações, fico com a impressão de ter exaltado a figura de Barnabé e deixado Paulo numa posição desairosa. Um elementar sentido de justiça exige que sublinhe um aspecto esplêndido da conduta de Paulo: a retificação do juízo que tinha feito em Perge. E isso também é próprio das almas compreensivas. E pode-se acrescentar que foi ele, Paulo, quem "descobriu" outro futuro evangelista: o médico antioquenho de nome Lucas.

---

2 E Pedro citá-lo-á como *Marcos, meu filho* (1 Pe 5, 13).

De qualquer modo, o que interessava aqui era avaliar a conduta de um "segundo" como Barnabé: alguém que, graças ao seu "faro", para falarmos em termos humanos, trouxe ao primeiro plano o grande Paulo; alguém que não redigiu nenhum livro inspirado, mas que possibilitou que tivéssemos hoje o Evangelho segundo São Marcos; uma figura simpática que nunca nos lembramos de evocar quando enumeramos os Apóstolos e que ocupa um lugar entre eles (cf. At 14, 14).

Penso em Nossa Senhora, que tinha motivos de sobra para virar as costas aos seguidores mais íntimos do seu Filho: todos menos um tinham abandonado o Mestre. Mas a Santíssima Virgem sabia que, por mais covardes que tivessem sido, viriam a ser as colunas da Igreja. E em breve vê-los-emos, reunidos em oração perseverante *com Maria, a Mãe de Jesus,* à espera da vinda do Espírito Santo (At 1, 14). Ela aglutina o grupo, sem lhe lançar em rosto a recente debandada coletiva.

6. O ignoto Ananias, ou CONTAR COM OS OUTROS

A propósito de São Paulo, disse que ninguém teria arriscado um sestércio na carta da sua confiabilidade. Falando humanamente, só Barnabé intuiu o futuro Apóstolo das Gentes naquele perseguidor dos cristãos convertido em ardente mensageiro de Cristo. Agora desejo sublinhar que, mesmo nos aspectos mais sobrenaturais da sua vocação, Paulo teve que deixar-se conduzir por outras pessoas: algumas delas tão pouco brilhantes como *um certo Ananias, varão piedoso* (At 22, 12) de quem apenas conhecemos o episódio que vamos comentar.

Receio que Ananias, por muito que os cristãos de Damasco o apreciassem, não fosse um homem particularmente compreensivo, ao contrário de Barnabé, dotado de um coração cheio de afeto — que para um cristão se chama caridade —, capaz de compreender os outros e de descobrir neles os seus valores ocultos. O próprio Deus dirá a Ananias que se levante e vá procurar Saulo de Tarso em determinada casa situada na rua Direita, para onde os companheiros o tinham conduzido, depois da aparição de Cristo que o deixara cego (cf. At 9, 11). Ananias recalcitrará: *Ouvi de muitos, acerca desse homem, quantos males fez aos teus santos em Jerusalém e que vem aqui com o poder dos príncipes dos sacerdotes para prender os que invocam o teu nome* (ibid, vv. 13-14). A sua figura não parece, pois, a mais adequada para a missão que Deus lhe confia.

No entanto, obedece, vai ao encontro de Paulo e diz-lhe: *O Deus dos nossos pais escolheu-te para que conhecesses a sua vontade e visses o Justo e ouvisses a voz da sua boca; porque darás testemunho diante de todos os homens de que o viste e ouviste. Levanta-te, batiza-te e lava os teus pecados invocando o seu nome* (At 22, 14-16).

Nas páginas introdutórias, disse que me propunha cantar a glória dos "segundos", desses indivíduos que costumam percorrer caminhos abertos por outros. Mas, em certo sentido, parece-me que todos somos chamados a ser "segundos", na medida em que todos devemos contar com a ajuda dos outros. Na relação entre Paulo e Ananias, verificamos até que quem desempenha propriamente o papel de "segundo" não é Ananias, mas Paulo. A Paulo cabe deixar-se guiar.

Não é coisa fácil, se tivermos em conta a ilimitada capacidade de autossuficiência petulante que todos temos. Que outra coisa é senão petulância pensarmos ou dizermos: "É que eu sou um caso muito especial, sabe?" A partir daí começa a ladainha dos nossos argumentos ridículos.

Acaso não trazemos uma cauda infindável de sobrenomes ilustres vindos dos nossos antepassados, e temos de preservar a dignidade herdada da nossa história? Não adquirimos por mérito próprio a nossa posição profissional, social? Não temos a suficiente maturidade para não precisar de conselhos, seja para ler um livro, ou ver um filme, ou rodear-nos de certos amigos?

A pretensão empolada adquire laivos cômicos quando, sem percebermos a grotesca figura que fazemos, invocamos a nossa prestância diante de Deus: não deveria Ele ter pedido o nosso parecer antes de organizar o mundo? Se o fizesse, estaria tão mal regulada a chuva que causa enchentes? Haveria malformações congênitas? Não teríamos um terceiro braço para falar pelo celular sem risco de bater o carro ou ser multados?

É indiscutível que Paulo tinha mais talentos e em breve teria mais graça de

Deus do que Ananias. Mas deverá ser este quem confirme a vocação paulina. Precisamos de contar com os outros. Prescindir deles, além de ser humanamente grotesco, é sobrenaturalmente suicida.

Às vezes, tem-se a impressão de que escutar os outros é uma disposição lógica nas pessoas jovens, o que é evidente. Uma virtude própria dos adultos e característica dos anciãos é a prudência, como também é evidente. Mas tenhamos cuidado e não nos deixemos enganar ao pensar nesta virtude. Chama a atenção o que diz o autor que mais conscienciosamente analisou a prudência. Afirma São Tomás de Aquino na *Suma Teológica* (II-II, q. 49, a. 3) que um dos requisitos dessa virtude é cabalmente a docilidade: "No que se refere à prudência, o homem necessita de ser instruído por outro". E acrescenta: "Também os mais velhos têm necessidade de ser dóceis", porquanto "ninguém é autossuficiente nas coisas que se situam no âmbito da prudência".

Uma das características da pessoa amadurecida é desconfiar dos juízos próprios, quando são exclusivamente próprios. É possível que esses juízos sejam acertados, mas quem garante que todas as sugestões dos outros são erradas? Um adolescente dirá: "Eu farei o que me der na veneta; basta que me digam uma coisa, para que não a faça". Mas não é assim que se comporta uma pessoa prudente: tem muito em conta o parecer dos outros e não se sente envergonhada de consultá-los sobre as suas dúvidas. Sabe que pedir conselho pode às vezes parecer uma tolice, mas sabe também que nunca o pedir é o modo de ser tolo sempre.

Uma pessoa verdadeiramente adulta costuma estar vacinada contra a autoconfiança que deposita nos seus critérios e decisões: "Tu — pensas — tens muita personalidade: os teus estudos (teus trabalhos de pesquisa, tuas publicações), a tua posição social (teus antepassados), as tuas atuações políticas (os cargos que ocupas), o teu patrimônio..., a tua idade — não és mais uma criança... Precisamente por tudo isso necessitas, mais do que outros, de um Diretor para a tua alma", escreve São Josemaria Escrivá[1].

É comovente a este propósito a figura de Santo Afonso Maria de Ligório, atormentado pelos escrúpulos na sua velhice: o Santo que proporcionaria a milhões de almas um critério reto em questões morais precisava dos conselhos de uma voz, certamente menos experimentada que a sua, para não se perder nem perder a paz por força das dúvidas de consciência que o afligiam.

Como vimos atrás, é frequente restringirmos a caridade à sua vertente ativa: às obras que realizamos em serviço do próximo. Mas também é caridade esse modo de contar com os outros que consiste em aceitar que nos ajudem com os

---

1 *Caminho*, n. 63.

seus conselhos, em proporcionar-lhes a alegria de ser credores da nossa gratidão. Não podemos cair no egoísmo e no orgulho de quem nunca está em dívida com ninguém. Mas a situação de quem não deve nada — coisa que, aliás, é falsa, reconheçamos ou não — só se conserva ao preço de também não receber nada, e semelhante penúria é um preço demasiado alto para tão minguada satisfação.

Se tivesse que escolher uma entre as qualidades que caracterizam a vida cristã, seria precisamente a da sua *gratuidade descendente*. Esclarecem o que queremos dizer as luminosas palavras de um autor contemporâneo que está prestes a ser beatificado, Álvaro del Portillo: "O cristianismo não é uma busca de Deus pelo homem, mas uma descida da vida divina até o nível do homem. É Deus quem se manifesta, se descobre, se revela, quem procura os homens, para infundir neles a sua própria vida. O ponto de partida da fé cristã é, portanto, a aceitação cheia de fé (obediência da fé) daquilo que Deus deu; só depois, uma vez recebido e aceito livremente o dom de Deus, é que surge a necessidade de uma resposta por parte da criatura"[2].

Isto quer dizer, entre outras coisas, que à hora de procurarmos a verdade cristã, o último lugar para onde devemos olhar é para dentro de nós mesmos, já que a vida sobrenatural não é de maneira nenhuma uma espécie de secreção que brote da interioridade do indivíduo ou das brumas do seu subconsciente. O cristianismo, a sua graça e as suas verdades, vêm *de fora*: concretamente, *de cima*. Ser cristão é, pois, primordialmente *receber*.

Talvez seja por esta razão que o único pecado que *não será perdoado nem neste mundo nem no vindouro* (Mt 12, 32) é o que se comete contra o Espírito Santo. E compreende-se: só há uma disposição

---

2 Álvaro del Portillo, *Escritos sobre o sacerdócio*.

para a qual não existe remédio na vida da alma — precisamente a de fechar-se à graça. É assim que se tem entendido sempre o misterioso pecado "contra o Espírito Santo".

A salvação e o caminho que a ela conduz nunca são produto de um *self control* nem de uma introspeção. Dito em termos positivos: uma elementar compreensão do que é a graça — a vida cristã, mais em geral — conduz à abertura, a uma receptividade que traz consigo, entre outras facetas, a disposição de nos deixarmos ajudar, de acolher as mãos que possam estender-nos de fora, em última instância como um dos instrumentos de que o Espírito Santo — Deus permanentemente conosco — se serve para nos acompanhar e dar-nos a sua luz e calor.

Num sentido próximo do que acabamos de dizer, é verdadeiramente difícil sair do buraco para o qual se encaminham certos entusiastas de uma curiosa "autenticidade". Refiro-me às pessoas que proclamam a boca cheia: "Eu não preciso de intermediários; prefiro entender-me diretamente com Deus. Quando me sinto pecador, o que faço é arrepender-me diante do próprio Senhor". Ora, em que consiste esse "entender-se diretamente com Deus", se o próprio Deus determinou que, em caso de pecado, é necessário recorrer aos seus ministros para obter a absolvição? *A quem perdoardes os pecados, ser-lhes-ão perdoados; e a quem os retiverdes, ser-lhes-ão retidos*" (Jo 20, 23).

Se houve alguém que, em toda a história do cristianismo, teve títulos bem legítimos para postular um entendimento direto com o Senhor, esse alguém foi São Paulo, que tem o santo orgulho de se autointitular *Paulo, apóstolo não da parte dos homens nem por meio de algum homem, mas por Jesus Cristo e por Deus Pai* (Gl 1, 1), bem como de sublinhar que o Evangelho que prega não é de homens, *pois não o recebi ou aprendi dos homens, mas por revelação de Jesus Cristo* (ibid., v. 11). Mas a indicação que recebeu do Senhor ao ser chamado ao apostolado diretamente, sem intermediários, foi esta: *Entra em Damasco e ali te será dito o que deves fazer* (At 22, 10).

É falso contrapor, como se fossem extremos de uma disjuntiva, a *autenticidade* do homem que trata de entender-se com Deus e a *docilidade* de quem acode aos canais de vida estabelecidos pelo próprio Senhor. Inautêntico seria dizer, por um lado, que se procura estar de bem com Deus e, por outro, prescindir dos preceitos que esse mesmo Deus instituiu inequivocamente.

Para o nosso reencontro com Deus após a ruptura ocasionada pelas nossas faltas, Cristo podia ter aberto outros caminhos que não o da Confissão sacramental; como também podia ter disposto outras vias que não os demais Sacramentos para nos conferir ou aumentar a sua graça em nós. Mas marcou um caminho preciso: o recurso aos ministros da sua Igreja, da qual Ele mesmo é a Cabeça.

É evidente que o nosso trato com Deus deve ser pessoal, sem anonimatos: acabamos de vê-lo ao considerarmos a vocação de São Paulo e a sua categórica afirmação de que não recebeu de homem algum o Evangelho que prega. Mas de modo nenhum achou que tivesse perdido a "linha direta" com o Senhor quando relatou como, *em virtude de uma revelação*, subiu a Jerusalém para conferir com as *colunas da Igreja* o conteúdo da catequese que levava a cabo por missão divina: *Expus-lhes o Evangelho que prego* [...] *para saber se não corria ou tinha corrido em vão* (Gl 2, 2).

Estar bem convencidos de que precisamos dos outros será o índício mais seguro de termos conseguido a desejada "sintonia pessoal" com o Senhor. Felizmente, não fomos abandonados à oscilação de umas persuasões privadas, subjetivas, nem mesmo na hipótese de que uma visão celestial nos tivesse lançado por terra a caminho do nosso Damasco. Nem neste caso nos faltariam a palavra e a mão amiga de um Ananias. Deus queira que também não falte da nossa parte a prudência de nos sabermos "segundos", carecidos de ajuda externa! Ainda que essa ajuda proceda de outra pessoa aparentemente tão obscura como a que abriu os olhos de São Paulo.

Há uma criatura em quem o Senhor parece ter-se comprazido em cumular de exceções privilegiadas. Refiro-me, é claro, à sua Santíssima Mãe. Mas de maneira nenhuma Deus quis exonerá-la da regra de deixar-se conduzir. Fora informada por um anjo da vocação a que Deus a chamava, mas, passado esse momento, teve de ouvir e secundar docilmente as indicações de um varão justo como São José, homem prudente e santo, mas sem dúvida inferior em sabedoria e santidade à que é Rainha dos anjos, dos profetas e dos Apóstolos. E isso, não apenas quando seguiu as decisões tomadas pelo seu esposo na partida para o Egito, no regresso de lá, na escolha da terra onde residiriam depois de voltarem a Israel, mas também sem dúvida na vida diária em Nazaré, no lar que tinha José como chefe de família.

7. O discípulo medroso, ou SER "VIOLENTOS" CONOSCO PRÓPRIOS

Vejamos agora outra figura evangélica secundária que nos suscita diversas reflexões.

Refiro-me a José de Arimateia, o nobre membro do Sinédrio que, na tarde da Sexta-Feira Santa, teve a audácia de pedir a Pilatos o corpo do Senhor morto. São Lucas apresenta-o como *homem reto e justo*, que *não havia concordado com a decisão dos outros* (de tramar a morte de Jesus) *nem com os atos deles* (Lc 23, 50). Por sua vez, Marcos escreve dele que *foi resolutamente a Pilatos* para solicitar-lhe o corpo do Senhor (Mc 15, 43). E Mateus acrescenta que, depois de o ter obtido, *o envolveu num lençol limpo e o depositou num sepulcro novo que tinha mandado talhar para si na rocha* (Mt 27, 60). Essas compassivas atenções de José de Arimateia para com Jesus induzem efetivamente à simpatia por ele. Mas é inevitável ponderarmos sobretudo a sua ousadia em dar a cara pelo Senhor num momento difícil.

Não é que fosse um homem valente, desses que arremetem impetuosamente contra qualquer obstáculo. Não. Para falar com propriedade, era antes um covarde, ao menos um tímido. Assim no-lo descreve a Escritura quando diz que era um *discípulo de Jesus, mas ocultamente, por receio dos judeus* (Jo 19, 38). Tinha medo, e isso é o que o torna mais admirável, porque sabe vencer o medo quando é preciso: é a audácia de um homem cujas pernas tremem.

Esse gesto do discípulo secreto aumenta a esperança dos que também não somos valentes, ou humildes, ou castos "por natureza". Nem por isso devemos considerar-nos casos perdidos. Neste sentido, é frequente que cometamos uma grave injustiça para com as pessoas que temos por "boas": a de imaginar que a sua bondade é congênita, espontânea. Lembro-me a este propósito de uma conversa familiar que tive com uma prima.

— Levantar-me de manhã custa-me uma barbaridade, dizia-me ela.

— E daí? Isso acontece com todos nós, repliquei-lhe.

— Não com o meu marido; desde que nos casamos, não houve um só dia em que chegasse tarde ao trabalho.

Aborreci-me um pouco e comentei-lhe:

— Isso quer dizer apenas que o seu marido é um homem magnífico e que se levanta pontualmente. Mas não lhe tire o mérito. Como diabos sabe que não lhe custa fazê-lo?

Quantas vezes atribuímos atitudes louváveis de uma pessoa a uma espécie de bondade natural! A bem dizer, só de um homem, de Adão, nos consta que fosse "bom por natureza". Mas também sabemos que de pouco lhe valeu tão magnífico dom. De qualquer modo, parece-me um equívoco distinguir entre homens bons e maus. Devo dizer que nunca conheci ninguém que fosse mau por natureza. Sorte minha. Mas também não conheço ninguém que estivesse dispensado de vencer-se a si próprio, se queria ser e comportar-se como Deus manda.

Em quase todo o grupo de pessoas — numa família, por exemplo —, costuma haver alguém que, quando os outros "nem estão aí", chama a si todas as paradas incômodas: é o primeiro a levantar-se quando toca o telefone, vai em nome da família ao velório de um conhecido, esvazia o urinol do avô acamado... Todos pensam: "Como é um homem bom!" Não lhes ocorre pensar que, por essa conduta, paga o preço de sacrificar a sua comodidade.

Costumamos ser injustos com os "bons", e... que dizer se se trata de avaliar os santos? Ultimamente, pôs-se de moda falar a torto e a direito dos "carismas". Assim, diz-se por exemplo que, para chegar ao sacerdócio em celibato, é preciso que o candidato tenha recebido previamente o carisma da perfeita continência. É um carisma que certamente possuíam São Bento de Núrsia, São Bernardo de Claraval ou São Francisco de Assis. Mas enganar-se-ia de ponta a ponta quem pensasse que, para esses santos, foi sempre um prazer guardar semelhante virtude. Por isso, enchi-me de ânimos quando li em *Caminho*: "Para defender a sua pureza, São Francisco de Assis revolveu-se na neve, São Bento jogou-se num silvado, São Bernardo mergulhou num tanque gelado..."[1] E eram três homens que tinham indubitavelmente o "carisma do celibato"! Mas um carisma que não lhes poupou a necessidade de violentar-se para serem fiéis

---

1 *Caminho*, n. 143.

ao compromisso adquirido. Pelo menos, em nenhum lugar li que tivessem, além disso, o carisma de uma pele de foca ou de hipopótamo. Isto que aconteceu com santos de tempos pretéritos é o mesmo que acontece com os atuais.

Acabo de citar umas frases de São Josemaria Escrivá. Podem mencionar-se outras. Meses antes do seu trânsito para o céu, dizia de si mesmo: "A maior parte destes quarenta e sete anos [desde que fundara o Opus Dei], trabalhei sem entusiasmo, porque era preciso fazê-lo; porque Deus o quis, e eu devia ser seu instrumento: mau, mas instrumento. Tinha que deixar fazer a Deus e, portanto, não podia abandonar a tarefa; não podia atirar-me a um lado..."[2]

Se me perguntassem de quem foi que ouvi as descrições mais estimulantes e

---

2 Cf. Salvador Bernal, *Perfil do Fundador do Opus Dei*, Quadrante, São Paulo, 1978, p. 414.

atraentes sobre a existência cristã, indicaria sem a menor hesitação esse santo dos nossos dias, de quem sempre ouvi pregar e a quem sobretudo vi praticar o estilo sorridente da vida espiritual; o homem que afirmava: "Seguir Cristo, procurar a santidade é ter a alegria de viver. Os santos não são tristes nem melancólicos: têm bom humor". Foi por isso que ficou mudo de surpresa aquele seu filho espiritual a quem confiava, sorrindo, também nos seus últimos tempos na terra: "Meu filho, há cinquenta anos que venho fazendo as coisas a contragosto"[3].

Não se consegue compreender a estrambótica condição que — segundo me contava um jovem estudante desejoso de caminhar para a santidade — lhe tinham formulado em certa instituição ao que parece "de perfeição cristã": "Você pode entrar a fazer parte do nosso

---

3 *Ibidem*.

grupo sempre que não crie problemas com a família, com os amigos etc." Pitoresca condição para seguir os passos de Alguém que anunciou aos seus discípulos que seriam alvo da incompreensão dos da sua própria casa, que teriam de subir uma encosta empinada, que seriam perseguidos e presos... O que o Senhor disse, sim, foi que deviam ungir a cabeça e oferecer um semblante alegre..., mas precisamente no contexto de uma vida de sacrifício, que não é o que agrada nem sai naturalmente.

Se não fosse assim, haveria que pensar que os que não perdem uma missa de domingo, ou os que mudam de canal mal aparecem mocinhas em trajes menores, ou os que fecham um livro ou saem do cinema à primeira cena de sexo gratuitamente inserida, o fazem por um gostoso impulso de amor à virtude. Pode-se pensar que nada disso lhes custa?

Os filhos da Igreja devem agir sempre com naturalidade, isto é, fazendo as coisas que são naturais num cristão. Assim, por exemplo, o espírito de serviço, a alegria permanente e contagiosa, as palavras positivas e otimistas são atitudes coerentes com a natureza do cristão. E o mesmo se pode dizer de muitas outras virtudes como a sobriedade, a castidade, o amor ao trabalho intenso, a caridade que não exceptua ninguém. Tudo isto é agir conforme a "natureza". Mas não significa que se trata de impulsos espontâneos[4].

---

4 Está de moda a alergia ao método pedagógico de ter que "decorar" para aprender. Prefere-se orientar os alunos a "refletir". Longe de mim tomar partido nesta disputa de técnicas de ensino. Mas será que é bom para o futuro profissional de um estudante desconhecer a tábua de multiplicar, os afluentes do rio Amazonas, as figuras e datas mais importantes da história do seu país? Se a palavra educar quer dizer realmente alguma coisa, isso supõe necessariamente duas coisas: que o aluno aprendeu algumas realidades que antes não conhecia; e que se acostumou a fazer coisas que não lhe apetecem.

Onde fica o mito da espontaneidade, quando o próprio Cristo apontou que *do coração procedem os maus pensamentos, os homicídios, os adultérios, as fornicações, os roubos, os falsos testemunhos, as blasfêmias...?* (Mt 15, 19). Todas essas coisas "saem de dentro". Não é que não saiam também bons desejos e gestos nobres, mas o que se deve sublinhar é que apenas "sair de dentro" não é por si garantia de retidão. Não admira que José de Arimateia pedisse o corpo de Jesus, pois era discípulo dEle. Mas isso não quer dizer que o seu gesto fosse espontâneo, pois teve que vencer o medo de manifestar-se como seguidor de Cristo. Espontâneos foram os demais discípulos, que fugiram a todo o vapor quando prenderam Jesus.

O maior encanto de José de Arimateia reside na sua condição de tímido, mas de tímido que, numa situação melindrosa, se supera. Isto indica duas coisas consoladoras: a primeira é que as inclinações espontâneas pouco recomendáveis não devem levar-nos ao desalento: o nosso sinedrita também não era de uma madeira especial; a segunda é que nada garante que o nosso caminho cristão haja de ser prazeroso. O nosso natural não há de ser um álibi para nos pormos a dormir a sesta. O próprio Jesus nos preveniu que era necessária uma boa dose de autoviolência: *O reino dos céus alcança-se à viva força, e os que a fazem são os que o arrebatam* (Mt 11,12). Ao falar aos seus discípulos da missão que lhes confiava, o Senhor augurou-lhes uma saída precipitada das cidades que visitassem e nem sequer lhes garantiu que pudessem ter um lugar onde reclinar a cabeça, ao contrário das aves, que têm o seu ninho, e das raposas, que têm o seu covil.

Também o ambiente não é um bom critério de retidão, porque é cada vez mais frequente ter de nadar contra a corrente: todos sabemos do destemor que é necessário ter para defender, com a doutrina perene da Igreja, as relações sexuais unicamente dentro do matrimônio e sem camisinhas nem pílulas; para sustentar que o casamento é *de um com uma* e *para sempre*; para considerar a concepção de um filho como resultado de um dom de Deus, e não como um direito dos pais, o que permitiria o recurso a todo o tipo de inseminações em casos de infertilidade. Nem outrora nem agora a existência cristã foi aprazível, cômoda, "espontânea" no mau sentido da palavra.

Isto aplica-se a todas as dimensões da vida: ao trabalho cotidiano honesto, à convivência magnânima, ao zelo apostólico paciente e não intempestivo. Não se chega a isso sem uma superação da mera espontaneidade avessa a qualquer restrição exigida pela dignidade do ser humano.

O mesmo se passa quando se anseia por uma vida espiritual elevada. O caminho é árduo e não um mar de rosas e consolos. Devo reconhecer que, no meu trabalho pastoral, experimento particular simpatia pelas pessoas que resistem ao meu conselho de assumirem e programarem um plano de práticas de piedade diárias, de não se deitarem sem um breve exame de consciência para saberem a quantas andam a respeito do cumprimento dos mandamentos de Deus e da Igreja, da luta por tirar um defeito ou adquirir uma virtude etc.

São pessoas com quem simpatizo talvez porque me vejo retratado nelas e me proporcionam como que uma débil justificação para a minha preguiça. Parece-me estar ouvindo as minhas próprias "razões" quando alguma dessas pessoas protesta: "Olhe, não me agrada quadricular-me com um horário para fazer um pouco de meditação, ou ler um livro de espiritualidade, ou olhar-me ao espelho da consciência para ver o que fiz de certo ou errado, ou... Decididamente, nada disso combina com o meu modo de ser" (Eu penso: "Nem com o meu, e, se você me puxar da língua, dar-lhe-ei outros argumentos que talvez não lhe tenham ocorrido: não tenho tempo, não sinto vontade...").

Também sintonizo com os que dizem que esses exercícios não causam a santidade por si próprios, que eles não nasceram para santos, que é um fardo cumprir o dever profissional com toda a retidão e perfeito acabamento, ou contrariar a tendência para o comodismo à hora — que é sempre — de viver a caridade...

Sintonizo com tudo isso, sei bem quanto custa, mas, se esperamos que as exigências de uma vida cristã séria transcorram num clima de prontidão de ânimo, de exultação do fervor, de inclinação inata para a abnegação, o mais provável é que acabemos por afastar-nos completamente do Senhor. Pelo contrário, se aceitarmos não deixar desamparado esse Jesus Cristo que — em nosso nome e em nosso lugar — caminha com a cruz às costas, "veremos que coisas é preciso queimar, e as queimaremos; que coisas é preciso arrancar, e as arrancaremos; que coisas é preciso entregar, e as entregaremos"[5]. Teremos feito algumas ou muitas coisas a contragosto, mas tê-las-emos feito ao gosto de Deus.

Quantas vezes não teremos ouvido comentar a amabilidade com que São Francisco de Sales recebia todos os que o procuravam, por mais maçantes que fossem! Mas dizem que, quando o santo bispo de Genebra morreu, descobriram a quantidade de riscos que havia debaixo da mesa do seu escritório, que ele arranhava para dominar, sem que se percebesse, nem no gesto nem na voz, a impaciência que lhe provocava cada visita inoportuna. Doce, acolhedor, amável, sim..., mas à custa de deixar as unhas no verso do tampo da mesa.

Felizmente, a figura de José de Arimateia não é apenas inquietante por

---

5 São Josemaria Escrivá, *É Cristo que passa*, n. 66.

convidar-nos a superar o medo, mas por proporcionar-nos esperança. Ajuda a compreender que até um covarde pode agir com valentia quando for necessário. O que acontece é que semelhantes vitórias exigem uma disposição de combate: "Essa foi sempre a peregrinação terrena do cristão, mesmo dos que veneramos nos altares. Estais lembrados de Pedro, de Agostinho, de Francisco? Nunca me agradaram essas biografias de santos em que, ingenuamente, mas também com falta de doutrina, nos relatam as façanhas desses heróis como se tivessem sido confirmados na graça desde o seio materno. Não. As verdadeiras biografias dos heróis cristãos são como as nossas vidas: lutavam e ganhavam, lutavam e perdiam. E então, contritos, voltavam à luta"[6]. Também eles não tinham madeira de santo.

---

6 Josemaria Escrivá, *É Cristo que passa*, n. 76.

Disse acima que ninguém a não ser Adão — e, é claro, a sua mulher — pode ser considerado "bom por natureza". Semelhante exclusividade não é inteiramente exata. Houve outra pessoa, a Santíssima Virgem, cuja espontaneidade foi sempre atinada e concorde com os planos divinos.

Se é certo que o Senhor a preservou dos defeitos e misérias morais que, no nosso caso, dificultam o caminho para Deus, a verdade é que não lhe poupou dificuldades na vida. Pelo contrário, tomou bom cuidado para que de maneira nenhuma a sua passagem pela terra fosse uma caminhada cômoda, prazerosa: marcou-lhe a sua existência no mundo com o sinal permanente da contradição. A isto nos referimos quando mencionamos as Sete Dores de Nossa Senhora: um "sete" que não é o ponto intermédio entre seis e oito, mas exprime o auge da dor. Também Maria soube o que era a porta estreita que conduz ao reino dos céus, esse reino que só alcançaremos se nos empenharmos à viva força em consegui-lo, como fez José de Arimateia quando venceu a sua natural timidez.

8. Um fariseu leal, ou DAR A CARA

José de Arimateia, com a audácia com que venceu o medo de expor-se, recordou-nos uma disposição imprescindível para a vida cristã: a convicção de que a simples espontaneidade não basta. É necessário que o cristão esteja disposto a fazer violência sobre si mesmo e agir a contragosto das apetências próprias, que nem sempre coincidem com o que está certo. Mas não nos detivemos a considerar o leque de consequências que essa disposição traz consigo.

Felizmente, há uma figura, por certo muito próxima daquela, que serve perfeitamente de modelo para tanto. Uma vantagem dos "segundos" é que não são indispensáveis nem como exemplo:

quando faltam, substituem-se, e... outra coisa. Cumprem um papel valioso, mas sem ser um estorvo, sem criar problemas nem mesmo quando desaparecem do horizonte.

Outro desses personagens — nem é preciso dizê-lo — é Nicodemos, cuja última intervenção conhecida também teve lugar por ocasião do sepultamento de Cristo. Depois de obtidos os restos mortais do Senhor, *chegou Nicodemos* [...], *trazendo umas cem libras de uma mistura de mirra e aloés* (Jo 19, 39).

Há, pois, um motivo razoável para associar ambas as figuras. Mas não parece terem sido da mesma índole. Nicodemos também seria uma pessoa medrosa? Há quem suspeite que sim pelo inciso que João introduz na frase acima citada, quando esclarece que Nicodemos era *aquele que anteriormente fora de noite ter com Jesus*. Evoca com isso a primeira aparição de Nicodemos no relato evangélico: *Havia um fariseu de nome Nicodemos, principal entre os judeus, que foi ter com Jesus de noite* (Jo 3, 1-2). Essa noturnidade foi interpretada por alguns como mostra de um respeito humano.

Tenho para mim que essa suspeita é infundada: terá sido apenas um dado que São João especificou para individualizar a pessoa. Se se tratasse de um homem medroso, o Apóstolo evangelista não deixaria de fazê-lo constar, como fez quando, no episódio da cura do cego de nascença, os judeus chamaram os pais do miraculado para que lhes dissesse se era realmente filho deles e se nascera cego, e eles responderam com evasivas por temor de serem expulsos da sinagoga (cf. Jo 9, 18-23).

A segunda vez em que o sinedrita aparece no Evangelho é quando as hierarquias religiosas urdiam a perdição do Profeta Nazareno, e Nicodemos, dirigindo-se aos seus pares, lhes disse: *Acaso a nossa Lei condena algum homem antes de o ouvir e sem averiguar o que fez?* A observação caiu como uma bomba e a única resposta que se ouviu beirou o insulto pessoal: *Também tu és galileu? Informa-te bem e verás que da Galileia não saiu profeta algum*. Mas a sessão terminou aí e *cada um voltou para sua casa* (Jo 7, 50-53).

Se José de Arimateia nos oferece um exemplo de autodomínio, Nicodemos é exemplo vivo de uma disposição imprescindível para um católico: a de não intimidar-se à hora de proclamar as verdades, coisa que é de uma grande atualidade nos nossos dias. Fala-se hoje das "exigências sociais da fé", expressão nem sempre a mais adequada porque se refere primordialmente à justiça e à caridade na sua vertente orientada para o próximo. Não alude rigorosamente às exigências sociais peculiares da fé, isto é, à obrigação de professá-la em público e de proclamá-la e difundi-la. A esta exigência social própria da fé se referia Nosso Senhor quando exortava aos doze: *O que vos digo na escuridão, dizei-o às claras. O que vos digo ao ouvido, publicai-o de cima dos telhados* (Mt 10, 26-27). Foi o que Nicodemos fez quando se interpôs como fiador de Cristo, em consequência daquela conversa que mantivera a sós com Ele, numa noite.

A lição que pudemos extrair da atitude de José de Arimateia, ao violentar-se e superar a sua tendência espontânea a encolher-se, não costuma encontrar um eco demasiado favorável nos nossos dias. Porém, não deveria ser assim no caso de Nicodemos, cuja autenticidade deveria suscitar prontas adesões numa sociedade que faz gala de admirar as pessoas coerentes à hora de manifestarem as suas convicções. Mas não é o que acontece.

O curioso é que parece reservarem-se os louvores ao casal que convive sem se resolver a passar pela secretaria da paróquia para, finalmente, marcar a data do casamento, ou ao estudante que comunica aos pais ter resolvido deixar de ir à Missa. Admira-se a independência, a audácia de uma série de atitudes que, bem vistas as coisas, não são muito audazes.

Porventura será audaz, nos dias que correm, entrar numa livraria e pedir em voz alta um livro escandaloso, ou ir à praia com uma roupa "simbólica", ou reduzir ao mínimo o número de filhos? Com certeza que não. Penso que o que exige verdadeira valentia é entrar na livraria e pedir, também em voz alta, um exemplar do *Catecismo da Igreja Católica*, ou informar-se da qualificação moral de um filme antes de concordar em ir com um amigo ao cinema, ou trazer meia dúzia de filhos ao mundo. Tudo isto exige, sim, independência de critério, autêntica "desfaçatez": a desfaçatez própria de um cristão. E a este gênero pertenceu a atitude de Nicodemos no Sinédrio.

Vem-me à memória uma jovem que, na parada do ônibus que não havia maneira de aparecer, se pôs a andar para cima e para baixo desfiando as contas do seu terço. Alguém exclamou: "Ora vejam! Não se tem o menor recato em nada!" Não me parece que se ouvisse o mesmo comentário se, em plena rua, se passasse por dois rapazes ou duas moças de mãos dadas...

Não é que seja de incitar ninguém a puxar do terço no vagão lotado do metrô. Existe uma delicadeza especial, chamada pudor, que pede que não se exiba a intimidade própria, nem do corpo nem da alma. Mas também não seria lógico que um católico se ruborizasse se, ao tirar o lenço do bolso, lhe caísse o terço.

É desta sã impertinência que nos fala Nicodemos. É a caradura de não nos sentirmos obrigados a pedir licença para vivermos a nossa fé, e menos ainda a desculpar-nos por ela. Afinal de contas, afirmar a verdade ou manifestar-se como uma boa pessoa não é coisa indigna ou vergonhosa, especialmente quando a desvergonha parece ser hoje um valor socialmente reconhecido. A retidão sobrenatural e mesmo humana não coincide necessariamente com o que se considera "normal" nesta ou naquela sociedade. Isto não significa de modo algum que os cristãos devam viver com uma espécie de complexo de inferioridade ou tenham de pedir perdão pela fé e pela moral que os animam. Pouco importa que a doutrina e a conduta retas caiam bem ou mal. Vêm a este propósito as palavras de São Paulo: *Acaso não sabeis que os santos hão de julgar o mundo?* (1 Cor 6, 2).

É verdade que a função de julgar, em sentido estrito, será exercida no final dos tempos. Agora, mais do que julgar, trata-se de informar, de dar o tom a esses homens e a esse mundo que necessitam de ser salvos, enquanto há tempo, antes de que chegue a sentença sem apelação. E esta conduta não cabe apenas aos homens brilhantes, mas também aos "segundos", homens a quem jamais se poderá negar o modesto protagonismo do fermento.

O fermento passa despercebido, é humilde, mas não se pode esquecer que lhe cabe levedar a massa. Dissolve-se, mas não se acomoda ao entorno: deixaria de ser fermento. E a fermentação que provoca não é motivo de vergonha, já que proporciona o melhor serviço, o maior enriquecimento, ao contexto em que opera.

Devemos evitar os vitupérios que alguns dos nossos pecados provocariam: *Que nenhum de vós sofra* — escreve São Pedro — *por homicida, ou ladrão, ou malfeitor, ou cobiçador do alheio* (1 Pe 4, 15). São verdadeiras desonras, que conjuraremos por uma conduta irrepreensível. Mas o Apóstolo também diz: *Se alguém sofre por ser cristão, não se envergonhe, antes glorifique a Deus por esse nome*. E acrescenta: *Estai sempre prontos para responder em vossa defesa a todo aquele que vos pedir a razão da vossa esperança* (1 Pe 3, 14-15).

Em complemento, devemos acrescentar que, se se tivesse a coragem de chamar as coisas pelo seu nome, eliminar-se-ia a hipocrisia de escandalizar-se ao ver que acabam por separar-se da Igreja pessoas cuja "coerência com os imperativos da autenticidade pessoal" se vinha admirando até então: não se daria a desilusão de verificar que o que se descreve como "salutar crise própria do amadurecimento" é a simples antesala para um conjunto de clamorosas deserções.

Por outro lado, a verdadeira sinceridade é a primeira pedra para resolver eficazmente alguns problemas. É verdade que os pecados podem ser perdoados se a pessoa manifesta um arrependimento sincero ao confessá-los. Mas o que não pode acontecer é cair na armadilha de considerar esses pecados como *tentativas para uma integração afetiva*. Será possível restituir a santidade ao matrimônio se não se aceita que a dissolução dos indissolúveis vínculos conjugais seja *um direito natural dentro de uma sociedade pluralista*. Ou que a "paternidade responsável" seja uma justificação para o hedonismo antinatalista, uma bela manifestação de *cristianismo adulto* ou uma sincera *busca de expressões atuais da fé*... O que quero sublinhar é que há muita hipocrisia, mesmo em ambientes etiquetados como "autênticos", quando se pretende considerar esses desvios como *fenômenos sociológicos, culturais ou psicológicos do homem atual, cuja positividade deveria ser assumida valentemente.*

Mas o exemplo de Nicodemos não nos fala da sinceridade necessária para encarar e corrigir os pecados, a ignorância ou situações deterioradas. Fala-nos antes de não encobrir a verdade e a virtude com tapumes que as distorcem fraudulentamente. Qualquer pessoa honrada sente repugnância por qualquer tipo de fingimento, como, por exemplo, chamar amor à luxúria, sentido de poupança à avareza, prudência à falta de coragem etc. São expressões fraudulentas, por mais que se tenha definido a hipocrisia como o tributo pago pelo vício à virtude. São subterfúgios mentirosos de linguagem que produzem náuseas, embora tenham por trás um esforço por dar um verniz decoroso às misérias; não deixam de refletir uma certa nostalgia da virtude.

Há uns anos, li um artigo que mencionava os equilíbrios verbais de certas pessoas para não incorrerem manifestamente em heresia ao exporem os seus pontos de vista, pouco concordes com a fé. São curiosos esses "segundos" que se sentem obrigados a efetuar malabarismos de palavras, a forçar a letra e o verdadeiro alcance dos textos da Escritura para mostrar que as suas teorias não contradizem a sã doutrina e evitar assim serem tachados de dogmáticos, coisa que abominam e denunciam nos outros.

De tais hipocrisias nos previne Nicodemos com a sua atitude no Sinédrio em defesa da Lei. Por mais resistência que se encontre no ambiente, por mais numerosos que sejam os que se opõem aos ensinamentos de Cristo, consubstanciados no Magistério da Igreja, nem por isso a razão está com eles. É como se uma greve geral dos operários obrigasse só por si a dar-lhes razão. Ainda que uma sociedade inteira se declarasse em greve diante de Deus, ainda que todos proclamassem serem inviáveis as exigências divinas, seria uma pretensão infantil alimentar a secreta esperança de que o Senhor cederá e modificará as suas normas. Se uma sociedade estabelece, por exemplo, que é uma traição à "causa comum" que um casal tenha mais de um ou dois filhos, porque isso ameaçaria a sobrevivência da humanidade, e se acusa esse casal de "irresponsabilidade" ou o ridiculariza com expressões de falsa comiseração, nem por isso a Igreja deixará de opor-se a quaisquer métodos antinaturais ou artificiais para evitar os filhos, como não deixará de pregar a castidade conjugal.

O que está em jogo aqui é a lealdade. Nicodemos é no Evangelho um "segundo"..., mas leal. Viu que tinha de ir contra a corrente e assim o fez. A ele se aplicam as palavras de São Paulo: *Acaso procuro eu o favor dos homens ou o de Deus? Acaso procuro agradar aos homens? Se procurasse agradar aos homens, não seria servo de Cristo* (Gl 1, 10).

Lembrei acima que os cristãos que se proponham ser fiéis e leais haverão de julgar o mundo. Mas talvez também seja bom lembrarmo-nos de que nós mesmos seremos julgados. Não é São Paulo quem o diz, mas o próprio Jesus: *A todo aquele que me confessar diante dos homens, também eu o confessarei diante de meu Pai que está nos céus; e a todo aquele que me negar diante dos homens, também eu o negarei diante de meu Pai que está nos céus* (Mt 10, 32-33).

Também aqui me vem à cabeça e ao coração uma figura discreta, mas fiel. Este é um dos requebros que, com toda a justiça, dedicamos a Nossa Senhora na Ladainha após o terço: *Virgo Fidelis*.

A Virgem fiel soube pronunciar com toda a lealdade o "sim" que Deus esperava dela, e assim o cumpriu não só no momento da Anunciação, mas ao longo da sua vida e especialmente com a sua presença valorosa à hora da Paixão e Morte de Cristo. Figura de segundo plano, discretíssima, não vacilou em acompanhar o seu Filho no momento em que morria cercado de opróbrio e zombarias e abandonado pelas multidões que poucos dias antes o aclamavam como rei.

Com a liturgia da Igreja, pedimos à Mãe de Jesus e Mãe nossa que interceda por nós, para que não decepcionemos o Senhor, e lhe *fale bem de nós*, por nos ver fiéis quando muitos desertam.

9. Os crentes inesperados, ou PRESCINDIR DO ÊXITO

Tanto José de Arimateia como Nicodemos proporcionaram ao Senhor um apoio que nunca teríamos esperado. À hora de sepultá-lo, acharíamos razoável ver Pedro e João, por exemplo, encarregarem-se dessa piedosa tarefa. Mas de onde saíram esses dois personagens que se confessam discípulos e amigos do Senhor no momento em que parece ter fracassado?

Neste conjunto de "segundos" que fomos vendo, não seria difícil encontrar muitos outros personagens sem brilho que despertariam a nossa admiração. É o caso da cananeia que persiste em pedir ao Senhor a cura da sua filha, apesar de ouvir dEle, para experimentá-la, uma das expressões mais duras do Evangelho: *Não é bom tomar o pão dos filhos e atirá-lo aos cães. E, em face da perseverança humilde daquela mãe, Jesus surpreende-se: Ó mulher, grande é a tua fé!* (Mt 15, 28).

Mas mais expressivo, na mesma linha, parece-nos o caso do gentio que não se considerou digno de receber o Senhor em sua casa, nem mesmo de apresentar-lhe pessoalmente o seu pedido. Trata-se do centurião que, por intermediários, pedirá a Jesus a cura do seu servo, bem convencido de que Ele faria o milagre com uma só palavra pronunciada de longe. É uma figura secundária, de quem nem sabemos o nome, mas que arrancará de Jesus uma exclamação admirável: *Em verdade vos digo que não encontrei ninguém em Israel com uma fé tão grande* (Mt 8, 10). E tão significativa como a exclamação do Senhor é a observação que o evangelista antepõe à frase divina: *Ouvindo-o, Jesus maravilhou-se*.

A estes episódios contrapõe-se em termos bem concretos aquela desilusão global que São João nos resume no seu Evangelho: *Veio aos seus, mas os seus não o receberam* (Jo 1, 11). Não foram todos, mas precisamente *os seus*, precisamente aqueles em cuja conversão e salvação Jesus tinha posto o seu maior empenho. É verdade que, como Deus verdadeiro, o Senhor não pode enganar-se nem experimentar fracassos. Mas quis ser tão verdadeiramente homem que conheceu em toda a sua plenitude o sentimento universal da frustração, e, paralelamente, se surpreendeu de ver nascerem frutos onde menos esperava, ou, em qualquer caso, onde tinha posto menos esforço.

Façamos um pequeno rodeio. É corrente falar da chamada "lei de Murphy", seja a propósito das torradas do café da manhã, seja das visitas e das chamadas telefônicas inoportunas. Todos o temos experimentado.

É nessa "lei" que pensamos quando a torrada nos cai ao chão pelo lado da manteiga. Ou quando a empregada doméstica tropeça e, das duas jarras que trazia na bandeja, se faz em pedaços a que era uma antiguidade chinesa, nunca a de louça vulgar. Ou quando ficamos sozinhos em casa, como que de plantão, e ninguém toca à campainha a não ser no momento em que fomos ao banheiro. Ou quando a visita esperada a certa hora só chega depois de — cansados de esperar — nos termos posto a fazer vinte minutos de oração mental.

Não poucos sacerdotes dos que se sentam no confessionário têm feito uma experiência que se pode considerar universal. Demora a aparecer o próximo penitente, e o bom sacerdote põe-se a desfiar as contas do terço para cumprir essa norma de piedade diária. E quando chega à quarta ave-maria do segundo mistério, aparece e ajoelha-se o novo penitente. O sacerdote tem uma de duas soluções: ou prescindir das ave-marias já rezadas e recomeçar o mistério depois de ter dado a absolvição, ou então passar o terço para a mão esquerda na ave-maria em que interrompeu a dezena (a direita é para absolver), a fim de conservar as que já rezou. Mas mesmo neste caso, pode muito bem acontecer que tenha de servir-se das duas mãos para folhear o livro de moral à procura da resposta adequada ao caso que o penitente lhe apresentou... E assim por diante em mil outras ocasiões.

É possível que a lei de Murphy não seja tão universal como dizem e que aconteça simplesmente que somos particularmente sensíveis aos contratempos e frustrações. Dá a impressão de que o panorama seria outro se adotássemos o costume de descobrir as inúmeras ocasiões em que, ao longo do dia, as coisas nos correm sem incidentes e damos graças a Deus por ter sido assim. Mas disto falaremos daqui a pouco.

Agora voltemos a refletir sobre as situações evangélicas mencionadas no começo deste capítulo. O que nos convém ter muito em conta é a advertência do Senhor quando diz: *Quem procurar guardar a sua vida perdê-la-á, e quem a perder conservá-la-á* (Lc 17, 33). Parece-me que o sentido direto desta sentença deve ser buscado à luz do seu contexto: *Que aproveita ao homem ganhar o mundo inteiro, se vier a perder a sua alma?* (Mt 16, 26). Mas à parte esta consideração imediata, acho que a frase de Jesus se propõe informar-nos sobre um dos meios de que Deus se serve para ir purificando pouco a pouco as nossas miras e elevá-las ao plano da fé.

Os pequenos contratempos que nos mortificam fazem parte da divina escola, da Sabedoria de Deus, que se compraz em brincar com os homens como um pai brinca com os seus filhos (cf. Pr 8, 30-31) e os educa através dos pequenos fracassos nas suas diversões, ensinando-os a ver os jogos em que se entretêm como o que são: simples jogos.

São Josemaria Escrivá, a pessoa mais alegre que conheci, confessava poucos dias antes de falecer: "Nunca tive uma alegria completa; sempre que experimentava uma alegria, dessas que satisfazem o coração, o Senhor fazia-me sentir a amargura de estar na terra, como uma faísca do Amor... E, no entanto, nunca fui infeliz, não me lembro de ter sido infeliz nunca"[1].

Não somente os santos, mas o próprio Jesus andou por esse caminho de perder a vida para encontrá-la. Vê-lo-emos converter de uma só vez uma aldeia inteira, mas de samaritanos, praticamente separados da sua nação. E em Nazaré — a sua terra — quererão despenhá-lo por um barranco, e *não pôde fazer ali nenhum milagre,* a tal ponto que *se admirava da incredulidade deles* (Mc 6, 5-6). Em contrapartida, haverá de beneficiar-se do seu poder um centurião romano, bem como uma incômoda siro-fenícia a quem Jesus não tinha o propósito de

---

1 S. Bernal, *op cit.*, p. 207.

socorrer, e cuja fé, por contraste, o deixará admirado.

As alegrias humanas são uma delicada flor do campo que não se pode cultivar diretamente. Ou nos ocupamos simplesmente e com todo o nosso empenho em fazer o que temos de fazer, prescindindo de que seja do nosso agrado, ou então não chegaremos a ter gosto em nada. *Quem procurar guardar a sua vida perdê-la-á; e quem a perder conservá-la-á.*

Com esta advertência, o Senhor não se limita a transmitir-nos uma experiência elementar e amplamente analisada por estoicos e epicúreos, mas a apontar mais alto e elevar o nosso ponto de mira à dimensão sobrenatural: convida-nos a desprender-nos dos resultados e concentrar-nos em lutar nos pontos que Deus quer. Assim não há fracassos.

Com a sua acuidade habitual, Ronald Knox examinava o fracasso de Cristo no caso do jovem rico, a única pessoa — além de João e Lázaro — de quem os evangelistas nos dizem que Jesus amou. E comentava esta constante dos trabalhos apostólicos: "Como somos humanos, é inevitável que nos proponhamos influir nas pessoas que amamos. E por alguma lei misteriosa, ou simplesmente por má sorte, essas pessoas que mais amamos não são normalmente as que mais se beneficiam da nossa influência". E exemplificava com o professor que tem os seus alunos favoritos, e no entanto não rendem o que esperava deles; ou com o pároco que cuida de que cresçam espiritualmente duas ou três pessoas em quem vê qualidades de liderança apostólica, e elas não correspondem aos seus desvelos, e assim por diante. Habitualmente, é desses "prediletos" que costumam provir os maiores desenganos, compensados talvez — como no caso do centurião — por inesperados resultados em outra parte. Deus sabe o que faz, não nós.

Entre os meus amigos sacerdotes, há bastantes "segundos", como eu, e com vários observei o mesmo fenômeno.

Um deles confiava-me a impressão que experimentava sinceramente no seu labor pastoral. Bastava que o incumbissem de prestar assistência espiritual a uma iniciativa apostólica, florescente até aquele momento, para que essa atividade começasse a declinar. Era a mesma impressão, em sentido contrário, que tinha quando deixava de exercer um trabalho a que dedicava os seus melhores esforços de oração e dedicação, e que começava a produzir em mãos do seu sucessor os frutos por ele tão sonhados quanto vãmente esperados.

Outro dizia-me que nunca tinha recebido uma palavra de louvor pelo que ele considerava a sua atividade mais valiosa. Daí a sua consternação quando, numa missa de sétimo dia, em que tinha intervindo outro sacerdote, o viúvo agradecido se aproximou dele e comentou: "Como os senhores fizeram tudo bem! O padre que oficiou consigo é um verdadeiro santo, embora logo se perceba que não é tão inteligente como o senhor". "E eu que quero ser santo, e não mais inteligente que este ou aquele!", queixava-se o meu amigo. Esse mesmo sacerdote dedica bastantes horas a dar aulas e conferências sobre temas de teologia. Sofre para prepará-las e treme ao subir ao estrado, mas depois recebe elogios. "Mas nunca ninguém me comentou que se sentiu edificado ao assistir à minha Missa, nem me louvou pelas horas que passo no confessionário. Reclamam-me para que dê conferências, nunca para que venha ajudar a ouvir confissões numa missão popular".

Poderia multiplicar indefinidamente os testemunhos de sacerdotes com experiências análogas. Menciono apenas uma, muito frequente: "Graças a Deus, nunca me chegam ecos das minhas homilias, práticas etc. Mas chegam-me os suficientes para verificar que, ordinariamente, as pessoas se impressionam com coisas que disse de passagem. Quase nunca me lembro de ter dito as frases que tanto ajudaram o meu compreensivo interlocutor. Ou até das que nem cheguei a dizer! Lembro--me de que certa vez, ao pregar um retiro espiritual, não tive tempo para dar uma palestra específica sobre o inferno; pedi desculpas aos assistentes e recomendei--lhes que pensassem por conta própria num tema tão importante para a salvação. E passei para outro assunto. O senhor compreenderá a minha surpresa quando, ao findar o retiro, um dos assistentes se aproximou de mim e me disse que se tinha sentido especialmente tocado pelas minhas explanações sobre o inferno!"

Os desconcertos — se os queremos chamar assim — de Jesus com os seus prediletos, e a sua surpresa com os inesperados êxitos entre centuriões e outros gentios, não nos convidam ao ceticismo nem a coibir o nosso esforço por dar o melhor de nós, se houver retidão de intenção. Nenhum dos sacerdotes que mencionei acima perdeu o seu entusiasmo; mas todos eles aprenderam a purificar as suas intenções e a não preocupar-se com rendimentos à vista. Porque este é o segredo: continuar a trabalhar com toda a alma, prescindindo um pouco dos resultados; e não precipitar-se em declarar vitórias ou derrotas, sobretudo estas últimas.

O que o Senhor nos pede é que tenhamos os olhos postos nEle, que cuidemos da nossa santidade pessoal, para podermos semear o bem entre os que nos rodeiam e levarmos adiante, com coragem, as tarefas de que somos responsáveis... Mas fazer frutificar os nossos esforços é coisa que foge à nossa competência. Isso cabe ao próprio Deus. É um princípio que São Paulo tinha bem arraigado: *Eu plantei, Apolo regou; mas quem deu o incremento foi Deus. Nem o que planta nem o que rega valem alguma coisa, mas Deus que dá o crescimento* (1 Cor 3, 6-8).

Aliás, devemos estar preparados para o aparecimento de outro personagem: aquele que recolhe os frutos da semeadura. Porque *um é o que semeia e outro o que colhe. Eu vos envio* — diz Jesus aos seus

Apóstolos — *para ceifar o que vós não semeastes; outros o fizeram e vós aproveitastes o trabalho deles* (Jo 4, 37-38). O difícil é aceitar que nos caiba apenas semear.

Talvez seja este um erro em pais e mães de família que se consideram fracassados quando têm um filho ou filha que está bem longe de corresponder aos seus desvelos educativos. Atormentados, perguntam-se: "Onde foi que erramos?" A esses pais e mães, é necessário dizer-lhes com firmeza (sem com isso proclamar uma lei corrosiva que diga ser inútil qualquer esforço educativo, no humano e no religioso): "Vocês não fizeram nada de errado nem se omitiram. Acontece apenas que vocês não são os seus filhos, e esse filho ou filha têm uma liberdade que Deus lhes concedeu e que vocês não podem suplantar. É somente o Senhor quem, sem lhes retirar o livre-arbítrio, é capaz de mover-lhes o coração para que aproveitem os ensinamentos e o exemplo que vocês lhes deram".

Aliás, não se deve perder nunca de vista que Deus está muito mais interessado do que nós em salvar o mundo. Com o seu habitual bom humor, escreveu Leo Trese: "Temos de lembrar-nos de que, se Deus nos concedeu o grande privilégio de colaborar com Ele na sua obra de salvação, a verdade é que não atou as mãos [...]. A responsabilidade primária da salvação das almas cabe a Ele, e Ele só depende de nós no que queira depender. O mundo não se vai perder por nós não podermos fazer *tudo*. Deus continua a manter as rédeas nas suas mãos".

É uma sábia reflexão, que importa considerar com muita frequência, porque tendemos a perder o sentido preciso do nosso papel e a encarar a nossa solicitude pelas almas como se fôssemos nós os primeiros a desejar que se salvem: como se a conversão ou a perseverança do próximo fosse assunto acima de tudo nosso, e pedíssemos a Deus um apoio que Ele relutaria em conceder-nos.

Esquecemos que os papéis são exatamente os contrários: quem realmente está empenhado em levar o mundo para a frente, ao ponto de ter dado a sua vida por ele, é o Senhor, e quem presta uma modesta ajuda somos nós.

Talvez seja precisamente esta a convicção que nos falta e que explica tanta sensação de fracasso. Talvez a única coisa que Deus espera para abençoar o nosso zelo seja que lhe restituamos o protagonismo, e admitamos a nossa função de obscuros "segundos", que renunciam de antemão a um fruto ou um aplauso que não lhes cabe. Em última instância, o diretor de cena, o roteirista e o primeiro ator é o Senhor.

Quando nos sentirmos esgotados por um trabalho apostólico aparentemente infrutuoso, oxalá saibamos dizer: *Somos servos inúteis; fizemos o que devíamos fazer* (Lc 17, 10). Se tivermos por critério os êxitos visíveis, talvez se gele na nossa cara o sorriso triunfante ao vermos aplicada a nós a justa sentença para os que, gloriando-se dos seus resultados imediatamente visíveis, *já receberam a sua recompensa* (Mt 6, 4).

E quando os nossos desenganos e fracassos nos fizerem desconfiar que Deus se esqueceu de nós ou nos trata duramente, consolar-nos-á de modo singular pensar que o Senhor também quis alterar — e em mais de uma ocasião — as previsões da Criatura a quem mais amou: a sua Santíssima Mãe. Ninguém como Ela se empenhou em realizar o que julgava serem planos divinos, e, no entanto, talvez ninguém como Ela os tenha visto contrariados de modo tão radical. Basta pensar na sua surpresa com a embaixada angélica: *Como poderá ser isto, se não conheço varão?* (Lc 1, 34). Não é necessária muita acuidade de espírito para compreender que a maternidade — ainda que fosse a Maternidade Divina — era o resultado mais surpreendente que se podia esperar de uma vocação para a virgindade: para a virgindade que Deus preservou em Maria antes, durante e depois do parto.

10. O samaritano leproso, ou SABER DAR GRAÇAS

Entre os "desenganos" de Jesus, há um que, acompanhado como de costume por um êxito inesperado, tem a meu ver substância suficiente para que lhe dediquemos a nossa reflexão. Trata-se dos dez leprosos que Nosso Senhor curou quando ia a caminho de Jerusalém (cf. Lc 17, 11-19).

A história é conhecida. Nas proximidades da fronteira entre a Samaria e a Galileia, aproximaram-se de Jesus dez leprosos que, como era habitual, se tinham juntado para enfrentar melhor a sua triste enfermidade. Não é bem que se tivessem aproximado, porque a Lei, desde os tempos de Moisés, só permitia que os leprosos convivessem com outros leprosos, pois a lepra era tida como uma forma de impureza. São Lucas é mais preciso: *pararam ao longe e, levantando a voz, diziam: Mestre tem compaixão de nós* (cf. Lc 5, 13). O Mestre limitou-se a contemplá-los e a dizer: *Ide e mostrai-vos aos sacerdotes*.

E aconteceu que, enquanto iam — certamente sem terem compreendido a razão de tal indicação, pois continuavam com a lepra e só em caso de cura era necessário apresentar-se aos sacerdotes, para que, segundo a lei de Moisés, a certificassem —, *ficaram limpos no caminho*.

Entre eles, havia um samaritano, que, para falar com rigor, nem pertencia ao Povo eleito. Mas foi o único que, ponderando o benefício recebido, se separou dos outros e, desfazendo o caminho andado, *voltou glorificando a Deus a grandes vozes* e, *caindo aos pés de Jesus, de rosto por terra, dava-lhe graças*.

Vale a pena meditar nas palavras de Jesus: *Não foram dez os curados? E os nove, onde estão? Não houve quem voltasse para dar glória a Deus senão este estrangeiro?* E a seguir dirige-lhe umas palavras surpreendentes: *Levanta-te e vai-te, a tua fé te salvou*. É uma frase chocante, porque, à primeira vista, o Senhor parece restringir a salvação ao samaritano agradecido.

Seria injurioso imaginar que o Senhor fazia os seus milagres pensando no agradecimento dos beneficiários. Mas a Santíssima Humanidade de Jesus não é indiferente às manifestações de ingratidão: nesse caso, não seria Perfeito Homem. Umas páginas atrás, o mesmo São Lucas relata como o Mestre se doeu das indelicadezas do fariseu que o tinha convidado para almoçar e não tivera com Ele as mostras de cortesia com que os anfitrões recebem um convidado.

Mas, quando lamenta a ingratidão dos nove leprosos, Jesus não parece magoar-se tanto com o desdém desses curados, como pela sorte desses indivíduos que têm a desgraça de não ser agradecidos. É o mesmo acento que notamos na sua censura a Jerusalém: *Se ao menos neste dia conhecesses o que te traz a paz!* (Lc 19, 42). E a Cidade Santa viria a ser destruída *por não teres reconhecido o tempo em que foste visitada* (v. 44).

Deus quer fazer depender do agradecimento a própria salvação eterna. Agradecerá aos bem-aventurados por um copo de água fresca que tiverem dado em seu nome. E levará consigo para o céu o companheiro de crucifixão em reconhecimento pelas palavras de afeição que lhe dirigiu no meio da desolação e do abandono. No caso do samaritano agradecido, fala de salvação apenas a ele, embora os outros nove tivessem recuperado a limpeza da carne.

A gratidão encerra, com efeito, uma singular antecipação da bem-aventurança: é um sinal do céu vindouro. Chamamos Eucaristia, "ação de graças", ao sacramento pelo qual antecipamos realmente a união que experimentaremos na eternidade. Ação de graças, em primeiro lugar, *propter magnam gloriam tuam*, porque Deus é grande, e isso alegra-nos... Sempre me chamou a atenção que, para manifestar a sua gratidão, a Igreja utilize um hino — o *Te Deum* — em que nem sequer se inclui a expressão "ação de graças". É um hino cujo nervo são duas frases de exultação: "Os céus e a terra estão cheios da majestade da vossa glória" e "Nós vos louvamos pelos séculos dos séculos".

É o que faremos no céu: rejubilar-nos pela grandeza de Deus. A nossa felicidade será um pasmo ditoso, em que não se distinguirão o amor, a ação de graças e a glorificação. É por isso que o agradecimento, a alegria de quem se sabe devedor é penhor de salvação.

E, em sentido contrário, na ingratidão adivinhamos um certo prelúdio do inferno. Afinal de contas, o que é o pecado, caminho para a condenação, senão parar nas criaturas, sem ver Deus por trás delas? São Paulo (cf. Rm 1, 18-32) considera *inexcusáveis* os que *adoraram e serviram a criatura em vez do Criador*. Não diz que as criaturas sejam más. São boas, mas não para nos ancorarmos nelas. É ao pé da letra o que fizeram os leprosos ingratos: receberam a saúde, mas não foram além disso. O Senhor não lhes retirou a cura, mas perderam Deus por não terem acolhido os dons divinos como dons.

A disposição desagradecida arremeda o descontentamento dos anjos maus, que se negaram a reconhecer a grandeza exclusiva do Senhor e se sentiram incomodados com a glória de Deus. Em última análise, resistiram a ser "segundos". Os que têm a desgraça de não ser agradecidos não podem tolerar ter de reconhecer-se devedores.

O Fundador do Opus Dei costumava recomendar aos seus filhos que agradecessem ao Senhor *pro universis beneficiis... etiam ignotis*, por todos os benefícios, mesmo pelos que lhes passam desapercebidos. Penso que um dos nossos maiores rubores à hora do juízo procederá daí: da enorme quantidade de presentes divinos que não soubemos apreciar e agradecer como dons.

Como vemos, o tema da gratidão tem muito a ver com os *Novíssimos*, os fins últimos que aguardam o homem. E não só com o céu e o inferno, mas também com o purgatório. Como agradeceremos ao Senhor os dissabores que permitiu na nossa vida! São delicadezas de um Pai que deseja ver os seus filhos limpos, purificados, prontos para ir ao seu encontro imediatamente, ao concluírem a sua viagem por este mundo. Dar-lhe-emos graças sobretudo por ter atendido ao que lhe pedimos com a Igreja: *spatium verae poenitentiae*, tempo suficiente para resgatarmos as nossas faltas mediante uma verdadeira e frutuosa penitência: mediante a aceitação de uma penúria econômica, de uma doença, de uma injustiça, de um ataque infundado à nossa honra... São benefícios *ignoti*, que não foram para nós pedra de escândalo, mas pedra angular.

Essa disposição de ver tudo — o bom e o negativo — como motivo de ação de graças levar-nos-á a ser agradecidos com as pessoas que nos fizeram um bem. É a grandeza de alma do "*caballero*" cervantino: "Bem pode ser que um cavalheiro seja desamorado; mas, falando com todo o rigor, o que não pode ser é que seja desagradecido" (*D. Quixote de la Mancha*, P. II, cap. 47). E mais adiante Cervantes põe na boca de D. Quixote estas palavras memoráveis:

"Entre os maiores pecados que os homens cometem, embora alguns digam que é a soberba, eu digo que é o desagradecimento, atendo-me ao que se costuma dizer: que de desagradecidos está o inferno cheio. Deste pecado procurei fugir desde o instante em que tive uso da razão: e se não posso pagar as boas obras com outras obras, ponho em lugar delas os desejos de fazê-las, e, quando estes não bastam, publico-as, porque quem diz que publica as boas obras que recebe, também as recompensaria com outras se pudesse;

porque, na maior parte dos casos, os que recebem são inferiores aos que dão, e assim é Deus sobre todos, porque é dador sobre todos, e as dádivas dos homens não podem corresponder às de Deus com igualdade, pela infinita distância [que os separa]; e esta estreiteza e curteza é de certo modo suprida pelo agradecimento" (ibid. cap. 48).

Vimos o samaritano regressar à presença de Jesus, louvando-o em altas vozes. Talvez quisesse, como D. Quixote, equilibrar com o volume desses clamores a sua pequenez pessoal, incapaz de corresponder adequadamente às benevolências de Deus: afinal era um personagem obscuro, o menos digno, aos olhos da Lei, de todos os curados. Oxalá se passe o mesmo conosco; que sintamos muito vivamente, segundo as palavras do fidalgo manchego, a "nossa estreiteza e curteza" diante de tantos dons que recebemos; que nos saibamos "segundos" e tenhamos de recorrer a manifestações estentóreas de gratidão, convocando — como sugere a Igreja depois da Santa Missa — outras vozes que robusteçam a nossa: o clamor do sol e da chuva, do orvalho e da neve, dos montes, das fontes, das baleias, dos gados, de Ananias, Azarias e Misael, dos humildes de coração...[1] Pode ser que, juntando a nossa voz à de todos esses elementos e pessoas, consigamos fazer chegar ao Senhor o eco do nosso reconhecimento.

Não há dúvida de que o conseguiremos se procurarmos unir as nossas vozes à dAquela que cantou:

A minha alma enaltece o Senhor, e o meu espírito exulta em Deus, meu Salvador, porque olhou para a humildade da sua serva. Daqui em diante, todas as gerações me chamarão bem-aventurada, porque fez em mim grandes coisas Aquele que é todo-poderoso e cujo nome é santo (Lc 1, 46-49).

---

1 Cf. *Trium puerorum*, o hino de ação de graças após a comunhão.

EPÍLOGO

À vista dos temas tratados, espero que o leitor tenha apreciado pelo menos uma constante que se pode observar em todas as páginas anteriores: o afeto por uma série de indivíduos neotestamentários que apresentam em comum o traço de serem pouco brilhantes, quase cinzentos. Mas cada um deles proporcionou-nos algum ensinamento: umas vezes, diretamente; outras, por contraste.

Confio também em que o leitor tenha verificado que o ensinamento extraído de cada figura podia ser descoberto — e mais plenamente — em outra figura, também discreta, que esteve presente em todos os momentos como pano de fundo: Nossa Senhora, a Santíssima Virgem. Era fácil evocá-la ao término de cada capítulo, como exemplo insigne da virtude ilustrada nessas epígrafes, e assim o fizemos. E parece igualmente razoável que a invoquemos também como epílogo destas considerações.

É possível que alguém objete que não é o mais acertado fazer Nossa Senhora ocupar um lugar dentro de uma galeria de personagens secundários. Não lhe faltará razão.

Por outro lado, também é verdade que, de um certo tempo para cá, tem havido vozes e iniciativas decididamente empenhadas em relegar Santa Maria para um segundo plano; mais ainda, para uma obscura penumbra.

Que Deus perdoe — e temo que lhe custe fazê-lo — essas pessoas que se empenham em regatear timbres de glória à Mãe de Cristo, que manifestam uma espécie de desassossego quando contemplam as honras que o povo de Deus lhe tributa, por achá-las desmedidas. Que Deus lhes perdoe, digo, porque, com a sua disposição cautelosa e tímida, não penso que agradem nem pouco nem muito ao Filho de Maria. É uma atitude que de maneira nenhuma sintoniza com a do próprio Deus ao glorificar a Santíssima Virgem.

Se existe algum setor em que não se justifica o medo ao "excesso", é, precisamente, o que diz respeito à glória de Santa Maria. Por muito que "exageremos", sempre ficaremos aquém, nunca estaremos à altura dos louvores que Deus Nosso Senhor lhe dedica. Explico-me.

Nós, os homens, louvamos uma coisa *porque* é boa. Com o Senhor, passa-se o contrário: uma coisa é boa *porque* Deus a louva. Quando louva uma criatura, torna-a boa, comunica-lhe as qualidades que a fazem digna de veneração. Nós apenas reconhecemos os títulos de glória; é Deus quem os concede. E, no caso de Nossa Senhora, é Ele quem nos ensina a saltar todas as barreiras.

Quando se estudam as obras de Deus, costuma chamar a atenção o seu exato equilíbrio: nada falta e nada sobra. E, uma vez que é Deus quem estabelece as regras, Ele é geralmente o primeiro a ater-se a essas regras; poucas vezes altera o curso normal das coisas..., exceto tratando-se de Santa Maria. É como se, no caso dEla, Deus tivesse um particular zelo em quebrar as pautas que estabeleceu para o resto das criaturas.

Assim, todos nós nascemos com a pesada herança do pecado original; todos... menos Nossa Senhora. Do mesmo modo, todos vamos alcançando pouco a pouco uma certa maturidade na vida da graça; Santa Maria, porém, é *cheia de graça* — por cima de todos os Anjos e Santos — desde o momento da sua concepção. O Senhor quis que Ela fosse Mãe, mas fazendo permanecer intacta a sua virgindade. Todos ressuscitaremos para receber no final o prêmio ou castigo eternos, também com os nossos corpos; no caso da Santíssima Virgem, Deus não quis "esperar", mas tem-na já junto de Si em alma e corpo.

Descobriremos Nossa Senhora como protagonista no momento em que dá o seu consentimento voluntário para a encarnação no seu seio da Segunda Pessoa da Santíssima Trindade, que assim se constitui em Cabeça da humanidade, nosso irmão mais velho. Protagonista também no momento em que se une ao sacrifício de Jesus, imolado no Calvário para dar vida ao seu Corpo total, do qual fazemos parte. Protagonista, enfim, como centro de coesão para a Igreja nascente, quando esse Corpo total de Cristo receber a sua alma, o Espírito Santo, na manhã de Pentecostes.

Seria, pois, necessária uma forte dose de miopia para considerarmos medíocres a imagem e a atuação de Nossa Senhora. Ela mesma profetizou, sob a inspiração do Espírito Santo: *Todas as gerações me chamarão bem-aventurada* (Lc 1, 48). E o transcorrer dos séculos não fez nem fará mais do que confirmar essa profecia. Assim no-lo mostram os milhões de mulheres que têm Maria como nome próprio, os infindos templos, catedrais, santuários, movimentos e instituições que a Ela estão dedicados e que a veneram. Não existe invocação que mais suba aos lábios humanos do que a saudação do anjo: *Ave, Maria...*

Ora bem, nem a dignidade da sua figura e missão, nem a sua posterior glorificação por parte dos fiéis significam um luzimento pessoal da Santíssima Virgem na sua passagem pela terra. "Tereis observado — diz São Josemaria Escrivá — como algumas mães, movidas por um legítimo orgulho, se apressam a pôr-se ao lado dos seus filhos quando estes triunfam, quando recebem um reconhecimento público. Outras, porém, mesmo nesses momentos permanecem em segundo plano, amando em silêncio. Maria era assim, e Jesus sabia-o"[1]. E é neste sentido que se impõe olhar para Santa Maria como paradigma

1 *Amigos de Deus*, n. 287.

dos personagens que permanecem em segunda fila.

Há duas passagens em que Jesus teve uma esplêndida oportunidade de exaltar Nossa Senhora e aparentemente não o fez. A primeira foi quando lhe anunciaram que a sua Mãe, acompanhada por uns parentes, desejava vê-lo, mas não o conseguia por causa da multidão que o cercava e ouvia. Contra o que seria de esperar de um filho que convivera com a mãe durante trinta anos seguidos, e a ela devera em grande medida o seu crescimento e maturidade humanos, e portanto seria lógico que a introduzisse no recinto e lhe desse um lugar de honra na primeira fila do auditório, o Senhor disse: *Minha mãe e meus irmãos são estes, que ouvem a palavra de Deus e a põem em prática* (Lc 8, 20-21). A segunda foi quando uma mulher, levantando a voz dentre a multidão, lhe disse: *Bem-aventurado o ventre que te trouxe e os peitos que te amamentaram* (Lc 11-27). E Jesus repetiu quase ao pé da letra o seu comentário da outra vez: *Bem-aventurados antes os que ouvem a palavra de Deus e a guardam* (Lc 11, 27-28).

A primeira impressão que se tem ao ler estes comentários é de frieza e distanciamento. Mas, bem vistas as coisas, o que Jesus quis — e assim o têm ressaltado os exegetas ao longo dos tempos — foi deixar claro que havia uma razão muito maior que a dos laços naturais entre mãe e filho para exaltar a sua Mãe: a da identificação de Maria com a Vontade divina. Ao motivo — verdadeiramente único e não desmentido pelo Senhor — de Maria ter gerado o Criador do mundo, o Senhor fez ver que lhe antepunha o título de instrumento bom e eficaz no cumprimento dos planos de Deus.

Efetivamente, a Virgem Maria aceita os desejos de Deus sem estorvá-los em momento nenhum com os seus próprios planos pessoais. Esses planos, se existem, desaparecem e deixam-se alterar sem resistência. Não foi o que aconteceu com o homem que se propunha seguir o Senhor, mas primeiro queria enterrar o pai. Ou, como na parábola, com os convidados para um banquete que se escusaram de comparecer por terem outros compromissos e tarefas que atender (cf. Lc 14-15-24).

Nossa Senhora acolhe a palavra de Deus sem a interferência de interesses de outra ordem. Não é de duvidar que, em Nazaré, se tivesse ocupado com todo o esmero em preparar a casa e o enxoval para o nascimento do seu Filho; mas Deus queria nascer em Belém, num estábulo, e a sua Mãe não opõe a menor resistência. Mais tarde, irá para o Egito em perfeita aceitação e silêncio. E quando regressar de lá e pensará, com José, em estabelecer-se em Belém, aceitará que Deus tivesse escolhido a Galileia para passar os seus longos anos de vida oculta.

Maria não só *escutou* a palavra de Deus, mas *cumpriu-a*. Como bom instrumento, levou à prática, considerando-os seus, os planos divinos, comprometendo neles por inteiro o entendimento, a vontade e as energias. Como se obedecesse a si própria. Em nenhum momento nos aparece como uma espécie de marionete: vai apressadamente e por iniciativa própria às montanhas da Judeia para visitar Isabel; move céus e terra, com José, à procura de Jesus Menino que se deixou ficar no Templo sem avisar, e é Ela que se queixa quando o encontra; provoca o primeiro milagre de Jesus em Caná; enfim — enfrentando a soldadesca e o ambiente de hostilidade e zombarias —, aparece ao pé da Cruz em que o seu Filho agoniza e morre.

Desconheço que planos terá Deus para cada um de nós. Talvez alguns sejam chamados a grandes feitos em favor do reino de Cristo. Ou é provável — o mais provável — que, na maioria dos casos, o Senhor nos reserve uma passagem discreta pela terra: uma vida, como escreve São Paulo, *escondida com Cristo em Deus* (Cl 3, 3).

Mas, neste último caso, nem por isso a nossa vida tem que ser uma existência medíocre. Poderá ser obscura aos olhos humanos, mas não será banal, como não o foram os dias terrenos de Santa Maria. A nenhum de nós está vedada a grandeza de prestar ouvidos a Deus e, sem palavras espalhafatosas — às vezes, as nossas forças esvaem-se pela boca — pôr em prática os planos divinos. A grandeza não se mede pelo calibre humano das gestas. E poderemos considerar escritas para nós as palavras com que o Apóstolo prossegue: *Quando Cristo, vossa vida, se manifestar, também vós vos manifestareis gloriosos com Ele* (ibid, v. 4).

Em Nossa Senhora contemplamos as primícias dessa glória que aguarda os que passam a vida ocultos com Cristo em Deus. Todos nós, mas talvez de modo particular os "segundos" — sem façanhas dignas de serem registradas na história —, sentimos reforçar-se a nossa esperança quando olhamos para Santa Maria, uma simples criatura de pouco brilho na sua vida mortal. Ela mostra-nos o que a graça de Deus pode fazer com pessoas como nós, desde que saibamos acolher a palavra de Deus. E se nem para isso nos sentimos com forças, peçamos a essa nossa Mãe boa que nos acuda.

Uma vez, fizeram-me notar que Nossa Senhora é o refúgio dos que nem sequer sabem ou podem rezar. Desde a criancinha que ainda é incapaz de permanecer atenta uns poucos minutos, até à velhinha cuja cabeça já não dá para muito; desde a alma cheia de aridez, impossibilitada de compor ideias afetuosas na sua meditação, até o enfermo que suspira insone na cama de um hospital..., todos podem recitar as ave-marias do seu terço. Jovens e velhos, santos e pecadores, inteligentes e tontos, sãos e débeis, todos podem inserir-se nessa grinalda tecida em torno de Santa Maria, que tem a bênção e a recomendação dos Pontífices.

Para invocar Nossa Senhora, não é preciso, pois, que saibamos inventar palavras de louvor ou de súplica: o próprio

Deus e a sua Igreja no-las proporcionam já compostas. Basta que as repitamos com um pouquinho de atenção e um muito de amor; e ninguém, por mais "segundo" que seja, pode considerar-se dispensado de um contributo tão pequeno, mas de efeitos tão decisivos como é o de levar-nos à intimidade com o Filho de Maria que é inseparavelmente o Filho unigênito de Deus feito carne.

Direção geral
Renata Ferlin Sugai

Direção de aquisição
Hugo Langone

Direção editorial
Felipe Denardi

Produção editorial
Juliana Amato
Gabriela Haeitmann
Karine Santos
Ronaldo Vasconcelos

Capa
Karine Santos

Diagramação
Sérgio Ramalho

ESTE LIVRO ACABOU DE SE IMPRIMIR
A 19 DE MARÇO DE 2025,
EM PAPEL OFFSET 75 g/m².